Lernen und arbeiten in Ausbildung und Beruf

Methodenheft für den handlungsorientierten Unterricht

W0411970

von

Hans Jecht

Sabine Sgonina

Neue Rechtschreibung

ISBN 3-8045-

3692-1

1. Auflage, 1998

Winklers Verlag

Gebrüder Grimm

Darmstadt

➪ Methodenverzeichnis

Seite

I. Methoden zur selbstständigen Informationsgewinnung

II. Methoden zur selbstständigen Informationsverarbeitung

III. Visualisieren, Präsentieren, Moderieren

IV. Innere und äußere Vorbereitung

V. Lernen für Prüfungen

VI. Denkverfahren

VII. Ideenfindung und Kreativität

VIII. Sozialformen

36923

Einleitung

Um in der zukünftigen Arbeitswelt bestehen zu können, müssen Sie eine Vielzahl von Methoden beherrschen, mit denen Sie unterschiedliche Aufgaben z. B. im Betrieb optimal erfüllen können. Wir halten *unter anderem* die im Folgenden aufgeführten Arbeitstechniken und Methoden für so wichtig, dass sie Ihnen bereits in der Schule vermittelt werden sollten.

I. Methoden zur selbstständigen Informationsgewinnung

Eine der wichtigsten Schlüsselqualifikationen, die von Arbeitnehmern in Zukunft verlangt werden, ist die Fähigkeit zur selbstständigen Informationsgewinnung. In Ihrer Ausbildung, erst recht aber in Ihrem späteren Arbeitsleben, müssen Sie alle Methoden beherrschen, um rasch und sinnvoll an wichtige Informationen heranzukommen.

Wenn Sie die im Folgenden vorgestellten Methoden konsequent anwenden, lernen Sie effektiv Inhalte zu erschließen.

⇨ ***Aktives Lesen*** [1]

⇨ ***Kritisches Lesen*** [2]

⇨ ***Exzerpieren*** [3]

⇨ ***Notizen und Mitschriften machen*** [4]

⇨ ***Informationsbeschaffung in Bibliotheken*** [5]

⇨ ***Umgang mit Nachschlagewerken*** [6]

⇨ ***Erkundung, Interview und Sachverständigenbefragung*** [7]

II. Methoden zur selbstständigen Informationsverarbeitung

Sowohl in der Schulpraxis als auch im Berufsleben müssen gewonnene Informationen verarbeitet werden. Sie müssen also alle Methoden beherrschen, um Informationen aufbereiten zu können.

Die hier vorgestellten Methoden befähigen Sie Inhalte

- zu reduzieren,
- zu strukturieren,
- wiederzugeben,
- darzustellen.

III. Visualisieren, Präsentieren, Moderieren

In Ihrem späteren Berufsleben – aber auch schon jetzt in der Schule – werden Sie häufig gefordert sein in bestimmten Situationen frei zu sprechen bzw. auch zu argumentieren. Manch einer hat jedoch Hemmungen vor anderen Personen aufzutreten.

Kundenorientiertes Verhalten und die Fähigkeit sich selbst mitzuteilen, werden im Berufsleben immer wichtiger. Dazu gehören auch die Bereitschaft und die Fähigkeit zur Teamarbeit. Diese Qualifikationen verlangen von Ihnen die Beherrschung von Methoden, die für eine gedeihliche Zusammenarbeit und Diskussion unabdingbar sind.

Beachten Sie die folgenden Punkte, wird es Ihnen leichter fallen, vor Publikum zu reden oder an Diskussionen teilzunehmen und Sie werden damit auch erfolgreicher sein.

IV. Innere und äußere Vorbereitung

Nicht optimale Lernbedingungen können den Lernprozess beträchtlich stören. Deshalb sollten Sie einmal genauer untersuchen, wie Ihre Lernumwelt aussieht und wie sie sich auf Ihr Lernverhalten auswirkt. Vielleicht müssen Sie sich als Konsequenz daraus einiges lernfördernder gestalten und ändern.

Wenn Sie sich innerlich auf eine bestimmte Arbeits- bzw. Lernsituation vorbereiten, werden Sie diese erfolgreich bestehen. Sie sollten also

- Ziele, die Sie anstreben, festlegen;
- versuchen sich zu motivieren die festgelegten Ziele zu erreichen;
- konzentriert an der Zielerreichung arbeiten;
- für die Zielerreichung störenden Stress abbauen.

⇨ ***Arbeitszeit organisieren*** [21]

⇨ ***Sich motivieren*** [22]

⇨ ***Sich konzentrieren*** [23]

⇨ ***Selbstständiges Lernen*** [24]

V. Lernen für Prüfungen

Die Unternehmen sind in der Wirtschaft einem ständigen Veränderungsprozess ausgesetzt. Neue Entwicklungen, Positionen, Herausforderungen und Ansprüche, die man an Sie stellt, werden Sie dazu zwingen, sich neue Inhalte anzueignen. Mit der Schule hört das Lernen also nicht auf, sondern es fängt erst richtig an: Jeder Berufstätige muss heute während seiner Berufslaufbahn häufig Weiterbildungsmaßnahmen besuchen. Nur so kann er den Entwicklungen an seinem Arbeitsplatz oder an neuen Arbeitsplätzen folgen oder ihnen voranschreiten.

Deshalb ist es für Sie entscheidend, über geeignete Strategien zu verfügen, um

- Inhalte effektiv zu üben und zu wiederholen,
- sich auf Prüfungen angemessen vorzubereiten,
- selbstständig und ohne Druck zu lernen.

⇨ ***Lernen mit mehreren Lernwegen*** [25]

⇨ ***Sinnvolle Wiederholungen*** [26]

⇨ ***Lernpausen*** [27]

⇨ ***Vermeidung von Lernproblemen*** [28]

⇨ ***Vorbereitung, Durchführung und Nachbereitung von Prüfungen*** [29]

⇨ ***Umgang mit programmierten Prüfungen*** [30]

VI. Denkverfahren

Denkverfahren sind Lösungsstrategien für Probleme. Man benötigt sie zur erfolgreichen Bearbeitung von Aufgaben. In vielen Fällen ist es günstig, unterschiedliche Denkverfahren zu kombinieren.

⇨ ***Definieren*** [31]

⇨ ***Verallgemeinern*** [32]

VII. Ideenfindung und Kreativität

Ein wichtiger Baustein zur Wettbewerbsfähigkeit und zum wirtschaftlichen Erfolg von Unternehmen sind Innovationen. Besondere Wertschätzung werden Mitarbeiter erfahren, die eigene Ideen entwickeln und umsetzen können, aber auch an der Gestaltung ihrer Arbeitsplätze mitwirken können. Deshalb fordern die Unternehmen in den kaufmännischen Berufen Kreativität als Bestandteil des Qualifikationsprofils ein. Es ist für Sie daher sinnvoll, sich Methoden anzueignen, die Ihr kreatives Potenzial steigern: Einfallsreichtum, Improvisationsfähigkeit und schöpferische Fähigkeiten werden in kaufmännischen Berufen eine immer wichtigere Rolle spielen.

⇨ ***Brainstorming*** [33]

⇨ ***Kopfstandmethode*** [34]

⇨ ***Mind-Map*** [35]

⇨ ***Kartenabfrage*** [36]

⇨ ***Zukunftswerkstatt*** [37]

⇨ ***Blitzlicht*** [38]

VIII. Sozialformen

Abhängig von der Art der Aufgabe, die an Sie gestellt wird, können Sie unterschiedlich bei der Problemlösung vorgehen: einzeln, zu zweit oder in der Gruppe.

⇨ ***Partnerarbeit*** [39]

⇨ ***Gruppenarbeit*** [40]

[1] *Aktives Lesen*

Über 80 % unseres Wissens eignen wir uns durch das Lesen an. Wenn das Lesen ein so zentraler Informationsweg ist, werden sich schlechte Lesegewohnheiten umso nachteiliger auswirken. Sie werden also um die Frage, wie gut Ihr Leseverhalten ist, nicht herumkommen. Unwirksam ist es vor allem dann, wenn Sie einen *passiven* Lesestil praktizieren. Passiv bedeutet einen Text lediglich mit dem Auge zu bearbeiten und ihn so ein oder mehrere Male durchzulesen. Dadurch wird das Gedächtnis unterversorgt, die Konzentration belastet und weniger gelernt.

Die Alternative zum passiven ist das ***aktive Lesen***: Sie nehmen dabei den Lesestoff auf mehreren Lernwegen auf. Es wird mehr getan als nur gelesen. Wissenschaftliche Untersuchungen haben gezeigt, dass ein aktives Leseverhalten zu deutlich besseren Aufnahme-, Verarbeitungs- und Behaltensleistungen führt als das übliche passive Leseverhalten. Darüber hinaus wird auch Zeit gespart.

Zum aktiven Lesen gehört:

1. das Unterstreichen und Markieren wichtiger Textstellen.

2. das Anbringen von Merk- und Arbeitszeichen.

Bringen Sie dort, wo Textstellen eine bestimmte Bedeutung haben, am Rand Zeichen oder Buchstaben an.

Beispiel:

Bedeutung:	**Zeichen**	**Buchstabe**
Wichtige Aussage	!	W
Nachschlagen	↻	N
Unklarheit	?	U
Definition	:	D
Beispiel	-->	B
Zusammenfassung	()	Z

3. das systematische und schrittweise Herangehen an den Text mit der **5-Schritt-Methode:**

— **Schritt 1: *Überfliegen Sie den Text grob.***

Sie verschaffen sich durch diagonales Lesen einen ersten Überblick über den Inhalt des Gesamttextes. Um eine gewisse Vorinformation zu bekommen, lesen Sie rasch – ohne Zeile für Zeile durchzugehen – Überschriften, Einleitungen und Zusammenfassungen. Dadurch wird eine spätere Einordnung der Informationen erleichtert.

— **Schritt 2: *Stellen Sie Fragen an den Text.*** [1]

Grundlage sind die Informationen, die Sie im ersten Schritt gesammelt haben. Solche Fragen können sein:

- Welche Kapitel, Absätze, Begriffe sind unbekannt, unverständlich?
- Wo kann auf gründliches Lesen verzichtet werden?
- Wo kann auf Vorkenntnisse zurückgegriffen werden?
- Welche Informationsquellen müssen bereitgelegt werden?
- Können alte Aufzeichnungen verwendet werden?

— **Schritt 3: *Lesen Sie den Text gründlich und konzentriert.***

Schritt 1 und 2 waren nur die Vorbereitung für das eigentliche Lesen, das dadurch jedoch aktiver, konzentrierter und mit dem Blick auf das Wesentliche erfolgt.

- Lesen Sie den Text Absatz für Absatz intensiv durch.
- Unterteilen Sie diese Lesephase in kleine Schritte.

Überlegen Sie nach jedem Schritt, ob die an den Text gestellten Fragen hinreichend beantwortet sind.

- Schenken Sie Zeichnungen, Abbildungen, Tabellen besondere Aufmerksamkeit. Diese können zum besseren Verständnis des Textes beitragen.
- Werten Sie andere Informationsquellen aus, um unbekannte Fachausdrücke und Definitionen kennen zu lernen.

— **Schritt 4: *Verkürzen Sie den Textinhalt auf das Wesentliche.***

Durch Unterstreichen wichtiger Textstellen und das Anbringen von Merk- und Arbeitszeichen sollen Sie die wichtigsten Aussagen sichtbar machen. Dieser Schritt ist auch eine Art Selbstkontrolle. Sie überprüfen, ob Sie den eigentlichen Inhalt verstanden haben.

— **Schritt 5: *Wiederholen Sie den Gesamttext.***

Ohne alles gründlich zu lesen, wiederholen Sie vor allem die unterstrichenen bzw. markierten Stellen.

Optimal wäre es, wenn Sie die wichtigsten Aussagen in einer Struktur darzustellen versuchen.

Auch wenn Ihnen das aktive Lesen zunächst etwas zeitraubend und umständlich erscheint, werden Sie nach einiger Übung damit sicherlich merken, wie viel schneller und besser Sie sich den Lernstoff einprägen und behalten können.

[2] *Kritisches Lesen*

In der Berufspraxis spielt das Lesen von Texten eine wichtige Rolle: Fachbücher, Zeitungen, Zeitschriften oder sonstige Druckerzeugnisse werden als wichtige Informationsquellen neben den elektronischen Medien genutzt. Jeder, der solche Informationsquellen erstellt, wählt aus, formuliert um, fasst zusammen oder schmückt aus, wobei sein Weltbild, seine Wahrnehmungsfähigkeit, seine Wünsche und Befürchtungen und seine bewussten oder unbewussten Absichten seine Auswahl beeinflussen.

Die Fähigkeit Informationen kritisch zu beurteilen, ist deshalb für Ihre Orientierung von großer Wichtigkeit. Nur durch eine intensive Textanalyse lassen sich hintergründige Inhalte und Motive verschiedener Texte erschließen.

Bei einer kritischen Auswertung von Texten empfiehlt sich folgende Vorgehensweise:

1. Erschließen Sie den Sinn des auszuwertenden Textes

	Im Beispiel:
Was lässt die Überschrift bzw. der Titel vom Text erwarten? (Ist es z. B. ein wertender Kommentar, ein neutraler Bericht, eine umfassende Sachdarstellung?)	wertender Kommentar
Wer ist der Verfasser? (Ist es ein Politiker, Journalist, Wissenschaftler, Manager?)	Journalist
An wen richtet sich der Text? (Ist es der Zeitungsleser, eine Interessengruppe, ein fachwissenschaftlicher Interessentenkreis?)	Zeitungsleser
Welche Art Inhalt hat der Text und in welchem Zusammenhang stehen sie zueinander? (Ist es eine Aneinanderreihung, Erklärung, Begründung, Kritik, Zweifel, Bewertung?)	Kritik und Bewertung
Welche Textsorte liegt vor? (Einteilung der Texte nach ihrer Sprachfunktion)	Expressiver Text
Welche Gliederung nach Sinnabschnitten ist möglich?	Ereignis und Bewertung, Begründung der Kritik, Schlussfolgerung
Welche zentralen Aussagen macht der Text?	Der Vorschlag der Koalition zum Ladenschluss geht nicht weit genug.

2. Werten Sie den Text kritisch aus [2]

Zur kritischen Analyse können Sie die ***W-Formel*** anwenden:
Wer sagt was, wie, zu wem und mit welcher Wirkung?

	Im Beispiel:
WER? Hier sollte überlegt werden, wer der Verfasser ist und welche Richtung er vertritt.	Journalist, der Anhänger neuer Ladenschlusszeiten ist.
WAS? Sie sollen untersuchen, was gesagt und gezeigt wird, aber auch, was verschwiegen wird.	* Es wird u. a. verschwiegen, dass die sehr starke Gruppe der Gegner einer Veränderung der Ladenschlusszeiten eine weitergehende Veränderung nicht zuließen.
WIE? Sie müssen auch Form, Stil und Methode des Textes analysieren: • Ist der Text einseitig oder objektiv? • In welcher sprachlichen Form ist der Text gestaltet?	einseitig, sarkastisch
ZU WEM? Wer wird bzw. soll angesprochen werden?	Der Zeitungsleser in seiner Rolle als Kunde
MIT WELCHER WIRKUNG? Sie müssen die Absicht des Autors untersuchen: • Möchte er objektiv informieren oder vielleicht manipulieren? • Strebt er Beruhigung, Aufregung, Empörung, Neugier, Zustimmung oder Widerstand an?	Empörung über den nicht weit genug gehenden Kompromiss.

* Es wird auf keine Argumente der Gegner eingegangen usw.

[2] **3. Sie nehmen Stellung zu den einzelnen Argumenten**

Überlegen Sie sich, welche Argumente des Verfassers Sie plausibel finden bzw. nicht und begründen Sie Ihre Meinung.

<u>*Ladenschluss*</u>

Realsatire

Zu viel Regulierung, zu wenig Flexibilität – beides kennzeichnet den Standort Deutschland, der international mittlerweile ebenso berühmt wie berüchtigt ist. Das US-Magazin „Newsweek“ diagnostizierte unlängst in einer Titelstory „Die deutsche Krankheit“. Die Arbeitslosigkeit, hieß es da, erreicht Rekordhöhen – „aber man kann nach wie vor nicht einmal Milch am Sonntag kaufen“.

Die Hoffnung, die Regierung Kohl werde hier durchgreifend etwas ändern, kann man getrost fahren lassen. Was sich die Politiker der Koalition bei der Beratung der Sonnabend-Öffnungszeiten geleistet haben, hätte sich ein Satiriker nicht haarstäubender ausdenken können: Erst heißt es bedeutungsvoll, es müsse etwas geschehen; die Rede ist von 22 Uhr. Etwas leiser werden dann bei Kompromissrunden 18 Uhr und 16 Uhr genannt, bevor man am Ende bei 14 Uhr landet – und damit beim bisherigen Zustand.

Deutschland bleibt eben Deutschland. Ein Land, in dem Tankstellen sonntags keine Blumen verkaufen dürfen, weil höchste Gerichte dies verbieten. Ein Land, in dem gerade sonntags, wenn die Familien ausnahmsweise mal Zeit zum ausgiebigen Frühstück haben, ein „Backverbot“ gilt.

Muss man sich wundern, wenn Ausländer dies alles nicht verstehen? Bei vielen hat sich bereits der Eindruck festgesetzt, dass die Deutschen, die all dies seit Jahrzehnten als gute Untertanen klaglos hinnehmen, gar keine bessere Ladenschluss-Politik verdienen als jene, die jetzt in Bonn gemacht wird.

MATTHIAS KOCH

[2]

Sprachfunktionen

Gebrauchstexte/Sachtexte

(Unterteilung nach Sprachfunktion)

INFORMATIVE TEXTE

Die sachliche Information über einen Sachverhalt, einen Gegenstand oder eine Person überwiegt. Die Sprache ist sach- und fachbezogen.

1. Beschreibung

Absicht:
Genaues und verständliches Beschreiben eines Zustandes oder Gegenstands

Arten:
Personenbeschreibung
Gegenstandsbeschreibung
Vorgangsbeschreibung
Zustandsbeschreibung

Aufbau:
Vom Groben ins Detail

Darstellungsweise:
Sachliche Distanz, ohne wertende Einmischung

Zeitform:
Meist Präsens als Ausdruck der zeitunabhängigen Allgemeingültigkeit eines Sachverhaltes

2. Bericht

Absicht:
Objektives Informieren über Ereignisse oder Vorgänge des täglichen Lebens (Veranstaltungen, Unfälle, Reisen, Entwicklungen ...)

Arten:
Zeitungsbericht
Radiobericht
Fernsehbericht

Themen:
Wirtschaftlich, Politik, Gesellschaft, Kultur, Reisen

Inhalt:
Das Wesentliche eines tatsächlichen Ereignisses
- Was ist geschehen?
- Wer ist beteiligt?
- Wann ist es geschehen?
- Warum ist es geschehen?
- Wie ist es geschehen?
- Wo ist es geschehen?

Aufbau:
Darstellung der Ereignisse in zeitlicher Reihenfolge (Chronologisch)

Zeitraum:
Meist Präteritum (Rückblick auf Geschehenes)

Darstellungweise:
Sachliche Distanz

EXPRESSIVE TEXTE

Meinungen und Gefühle des Schreibers/Sprechers stehen im Vordergrund

1. Interview

Absicht:
Vermittlung von Informationen durch das dialogische Zusammenspiel

2. Leserbrief

3. Kommentar

APPELLATIVE TEXTE

Die Absicht bei diesen Texten liegt darin, beim Empfänger etwas zu erreichen, ihn von etwas zu überzeugen, ihn zu bewegen oder ihm zu befehlen.

1. Werbeanzeige

Absicht:
den Leser/Hörer von einer Sache zu überzeugen, ihn zu überreden, ihn etwas zu bewegen oder aufzufordern ...

Aufbau:
- Textelemente:
  Schlagzeile
  Slogan
  Zusammenhängender Text/Einzelsätze/Einzelwörter
- Bild/Bildelemente

Darstellungsweise:
Die Einprägsamkeit beruht neben dem Inhalt stark auf der sprachlichen Gestaltung des Inhaltes

2. Politische Texte (Anzeigen Reden)

[3] *Exzerpieren*

Wenn Sie Literatur für Referate und Prüfungen auswerten müssen, ist es ratsam, wesentliche Inhalte herauszuschreiben. Diesen Vorgang nennt man Exzerpieren (wortwörtlich: herausziehen).

Ihr Gedächtnis kann nicht alles speichern. Sie brauchen **Exzerpte** als „externe Speicher", auf die bei Bedarf – z. B. bei Prüfungsvorbereitung oder Referaten – zurückgegriffen werden kann. Exzerpte sind Mittel zum Zweck wirksamer Arbeit. Sie stellen nicht nur eine aktuelle Arbeitserleichterung dar, sondern dienen einem besseren Lernen und bilden oft die Grundlage für eigene Aussagen.

Die Gedankenarbeit (das geistige Speichern) beginnt schon in der Anlage des Exzerpts. Vollen Nutzen bringt aber erst der spätere Rückgriff auf die Auszüge.

Folgende Punkte sollten Sie bei der Anfertigung von Exzerpten beachten:

— Für das Exzerpieren sollten Sie entweder Blätter im A4-Format oder Karteikarten im A5-Format verwenden.

— Um später möglichst rasch wieder auf Informationen zurückgreifen zu können, tragen Sie am Kopf des Blattes bzw. der Karte einen Oberbegriff bzw. einen Unterbegriff als Suchstichwort ein.

In die Mitte kommen die exzerpierten Informationen.

Unten sollten Sie die vollständigen Angaben der Informationsquelle (also Verfasser, Titel, Erscheinungsort und -jahr sowie die Seitenzahl) notieren.

— Das Exzerpt kann sowohl wörtliche Zitate als auch eigene Worte enthalten.

Wichtig ist, dass Sie dabei sparsam vorgehen, sonst läuft das Exzerpieren nicht auf ein *sinnvolles* Verkürzen der Textinformationen, sondern auf ein gedankenloses Abschreiben hinaus.

— Bemühen Sie sich ständig um Inhaltskomprimierung (= Zusammenfassung und Verdichtung). Dadurch werden schon große Teile des Stoffes erlernt.

— Sortieren Sie die Exzerpte in Ordner beziehungsweise Karteikästchen entsprechend den Oberbegriffen ein.

— Je systematischer Sie diese Regeln handhaben, desto leichter haben Sie es bei der weiteren Verwendung der Informationen.

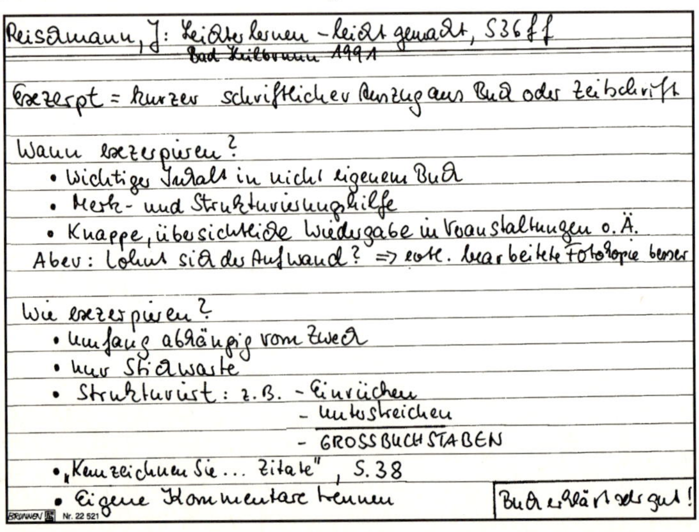
Reischmann, J.: Leichter lernen – leicht gemacht, S. 36 ff
Bad Heilbrunn 1991

Exzerpt = kurzer schriftlicher Auszug aus Buch oder Zeitschrift

Wann exzerpieren?
• Wichtiger Inhalt in nicht eigenem Buch
• Merk- und Strukturierungshilfe
• Knappe, übersichtliche Wiedergabe in Veranstaltungen o. Ä.
Aber: Lohnt sich der Aufwand? => evtl. bearbeitete Fotokopie besser

Wie exzerpieren?
• Umfang abhängig vom Zweck
• nur Stichworte
• Strukturiert: z. B. – Einrücken
– Unterstreichen
– GROSSBUCHSTABEN
• „Kennzeichnen Sie ... Zitate", S. 38
• Eigene Kommentare kennen

Buch erklärt sehr gut!

BRUNNEN Nr. 22 521

Notizen und Mitschriften machen [4]

Das Erfassen der wesentlichen Punkte einer mündlichen Information stellt für viele ein Problem dar. Richtiges, gut überlegtes Mitschreiben ist für das Lernen in der Schule, aber auch in der Arbeitswelt eine bedeutsame Hilfe.

Das Mitschreiben bzw. Notieren hat grundsätzlich folgende **Vorteile:**

— das Mitschreiben erhöht die Aufmerksamkeit und Konzentration,

— das Notieren entlastet das Gedächtnis, da man sich nicht alles merken muss,

— durch den Versuch, beim Mitschreiben das Gehörte gleichzeitig zu strukturieren, wird das Lernen erleichtert,

— beim Mitschreiben lernt man Unwesentliches von Wesentlichem zu unterscheiden.

Beim Notieren und Mitschreiben sollten Sie folgende **Regeln** beachten:

— Achten Sie auf die Zielangabe des Vortragenden bzw. des Lehrers zu Beginn der Unterrichtsstunde.

— Halten Sie (ausgehend evtl. von einer Zusammenfassung des Vortragenden am Anfang oder Schluss) den Haupt- und Untertitel und die wichtigsten Aussagen und Schlussfolgerungen fest.

— Verzichten Sie auf wörtliches Mitschreiben.

Beschränken Sie sich auf die wichtigsten Inhalte.

— Wählen Sie Einzelwörter, Kurzsätze, schlagwortartige Ausdrücke.

— Wörter, die später beim Lesen ohne Schwierigkeiten rekonstruiert werden können, bleiben selbstverständlich weg.

— Heben Sie wichtige Aussagen durch Unterstreichungen heraus.

— Benutzen Sie lose Blätter und Ordner, die eine flexible Zusammenstellung ermöglichen.

Versehen Sie sofort die losen Blätter mit Datum, Thema und einer fortlaufenden Nummerierung, um sie später besser in Zusammenhang bringen zu können.

— Gehen Sie beim Notieren von einer Dreiteilung der Blätter aus. Wissenschaftliche Untersuchungen haben gezeigt, dass diese Vorgehensweise die besten Ergebnisse erzielt hat:

- Raum I nimmt die Notizen während des Vortrags auf.
- Raum II enthält Platz für Schlagwörter oder Untertitel, die im Nachhinein Aussagen zur Gliederung zulassen.
- Raum III wird für die Aufnahme offener Fragen, eigener Gedanken oder Querverweisen verwendet.

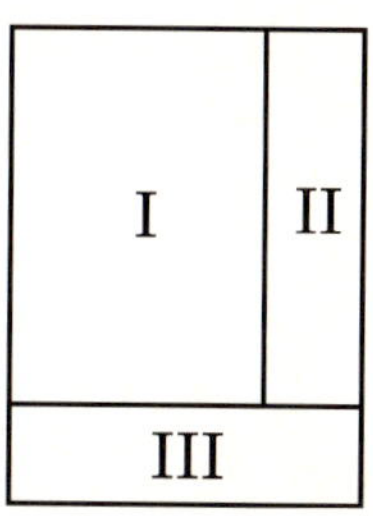

— So schnell wie möglich sollten Sie Ihre Notizen durchsehen und überarbeiten. Ihre Erinnerung ist dann noch frisch.

[4] Mitschrift eines Vortrages über Notizen und Mitschriften

Warum mitschreiben?

- aktive Auseinandersetzung
- leichtere Konzentration
- Durcharbeiten und Wiederholen
- mehrere Sinne
- erleichtert Überblick
- entlastet das Gedächtnis

Mitschreiben = verarbeiten (nicht: abschreiben)

Was schreibt man mit?

1. Grundaussagen
2. Stützargumente dazu
3. Zahlen, Daten, Fakten
4. evtl. Kommentare
   Erleichterung:
   Vorher informieren (Lehrbuch),
   keine Geschichten mitschreiben,
   Regieanweisungen beachten.

Wie schreibt man mit?

Einzelblätter kariert A4

Schreibwerkzeug!

<u>Blatteinteilung:</u>
1. Schlagwörter,
   Anmerkungen,
   Nummerierung,
2. Inhalt
3. Kommentar

<u>Gliedern:</u>
Überschriften,
Leerzeilen,
Einrücken,
Unterstreichen,
Abkürzungen

„Luftig“ schreiben
(zum später Einflicken)

Überarbeitung: Zu Hause lesen, durchstrukturieren, evtl. ergänzen

Ablegen: ein oder mehrere Ordner

Mind-Map zum Notizen machen (vgl. auch S. 81) [4]

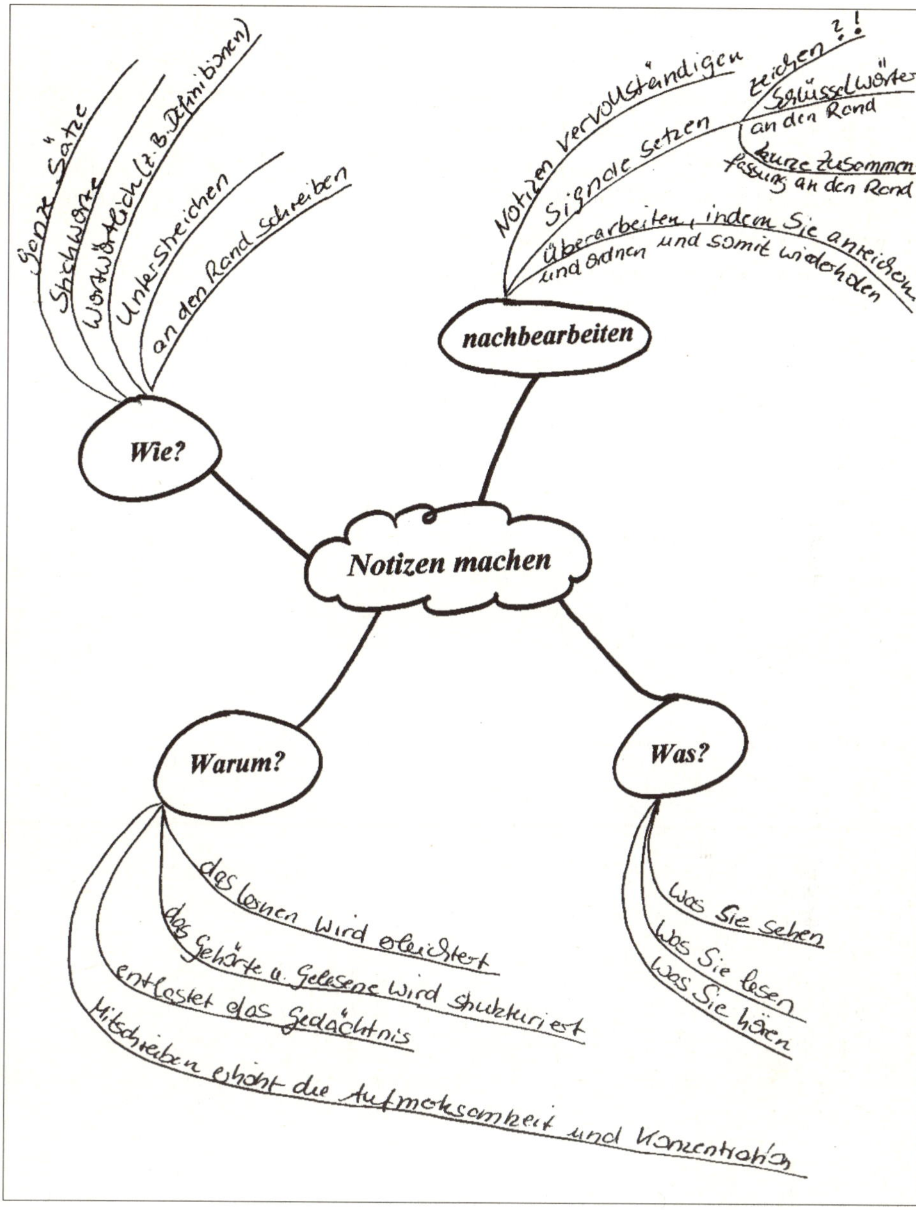

[5] *Informationsbeschaffung in Bibliotheken*

Jeder, der sich systematisch informieren, über die neuesten Entwicklungen in seinem Fachgebiet auf dem Laufenden halten oder in andere Bereiche einarbeiten will, profitiert vom Angebot der Bibliotheken. Wenn Sie also z. B. für die Anfertigung von Referaten Informationen benötigen, müssen Sie sich auf Literatursuche begeben. In diesem Zusammenhang sind Bibliotheken unsere wichtigsten „Informationsspeicher“.

Bei fast allen Bibliotheken ist eine gezielte Suche nur über Kataloge möglich. Ein Katalog ist ein Verzeichnis des vorhandenen Buch- und Zeitschriftenbestandes nach einer bestimmten Ordnung. Mit dem Katalog können Sie ermitteln,

— welche Autoren mit welchen Titeln vertreten sind,

— welche Titel innerhalb der verschiedenen Sachgebiete vorhanden sind,

— in welchem Regal die gesuchten Bücher stehen.

In Bibliotheken gibt es meistens verschiedene Kataloge:

— Der *alphabetische Verfasserkatalog* führt alle Bücher nach dem Alphabet der Autorennamen auf.

— Beim *alphabetischen Titelkatalog* sind die Buchtitel in alphabetischer Ordnung angeordnet.

Diese beiden Katalogarten helfen Ihnen, wenn Sie bereits wissen, welche Bücher Sie suchen. Sie schlagen unter dem Namen des Autors bzw. des Titels nach und notieren die Signatur: Das ist die Registriernummer des Buches, die Auskunft über den Standort des Buches in den Regalen gibt.

Möchten Sie allerdings herausbekommen, welche Bücher zu einem bestimmten Thema überhaupt vorhanden sind, sehen Sie in einem Sachkatalog nach:

— Eine Art des Sachkatalogs ist der *Schlagwortkatalog*, der die Bücher nach wenigen markanten Schlagworten, die den Inhalt möglichst genau und umfassend wiedergeben, einordnet (Beispiel: Ein Buch über Warenwirtschaftssysteme ist über die Schlagwörter „Einzelhandel“ und „Datenverarbeitung“ zu finden).

— Ebenfalls ein Sachkatalog ist der *systematische Katalog*, in dem Bücher nach Wissensgebieten (z. B. Wirtschaft) eingeordnet sind.

Sie suchen das Buch eines Autors, dessen Namen Sie kennen. ↓	Sie suchen ein Buch, dessen Titel Sie kennen. ↓
Alphabetischer Verfasserkatalog	Alphabetischer Titelkatalog
Systematischer Katalog	Schlagwortkatalog
↓ Sie suchen Literatur zu einem größeren Bereich.	↓ Sie suchen Literatur zu einem engeren Bereich.

Kataloge können in den Bibliotheken in verschiedenen Formen auftreten: [5]

— in Schubladen als Karteikarten;
— als Mikrofiches: Die Informationen der Karteikarten sind – um Platz zu sparen – auf Mikrofilmen verkleinert und können nur mit Lesegeräten gelesen werden;
— als in der EDV-Anlage gespeicherte Informationen.

Beispiel für Angaben eines alphabetischen Verfasserkataloges als Katalogkarte bzw. in EDV-Form:

Ordnungswort: Nachname und Vornamen des Autors	Jesse, Andreas A 3 / jes	**Standortsignatur:** gibt Auskunft, wo das Buch im Regal seinen Platz hat
Sachtitel des Buches	Informationen systematisch gewinnen.	
Untertitel	Leitfaden für Studenten aller Fachrichtungen.	
Erscheinungsort: Verlagsname (Erscheinungsjahr)	Reinbek b. Hamburg: Rowolth (1975). 149 S.	**Seitenzahl**
Internationale Standardbuchnummer	ISBN 3-499-27018-8	

Haben Sie den gewünschten Titel gefunden, können Sie das Buch in den meisten Fällen mithilfe der Signatur dem entsprechenden Regal entnehmen. In einigen Bibliotheken gibt es für die Benutzer keinen direkten Zugang zu den Büchern: Dort müssen Sie einen Bestellschein ausfüllen und abgeben; kurze Zeit später wird Ihnen das Buch vom Bibliothekspersonal übergeben.

Ist ein gewünschtes Buch in den Katalogen einer Bibliothek nicht erwähnt, besteht die Möglichkeit es sich über Fernleihe zu beschaffen. Die Laufzeit einer Fernleihbestellung kann allerdings oft länger als 6 Wochen bis zum positiven oder negativen Bescheid betragen.

[6] *Umgang mit Nachschlagewerken*

Geistige Arbeit ist ohne Bücher und Nachschlagewerke undenkbar. Soll ein Thema gründlich behandelt werden, benötigen Sie Fachbücher. Geht es jedoch um das schnelle Schließen von Wissenslücken, müssen Sie zu Nachschlagewerken greifen. Nachschlagewerke dienen also der Ermittlung von Fakten.

Es gibt verschiedene Arten der Nachschlagewerke:

— Ein **Lexikon** gibt Auskunft über Persönlichkeiten, Ereignisse, Gegenstände, Begriffe. Ein Lexikon ist immer alphabetisch geordnet. Es enthält i. d. R. kurze Erklärungen zu den einzelnen Stichworten. Es gibt Lexika (Mehrzahl von Lexikon) allgemeiner und spezieller Art: Ein Wirtschaftslexikon erklärt beispielsweise die vielen volks- und betriebswirtschaftlichen Begriffe.

— Eine **Enzyklopädie** ist ein großes, umfassendes Nachschlagewerk, das einen Überblick über das gesamte Wissen überhaupt oder über das Wissen eines besonderen Fachgebiets meist in Form eines längeren Artikels vermittelt. Enzyklopädien können alphabetisch, aber auch nach Sachgebieten geordnet sein.

— **Wörterbücher** erklären Rechtschreibung, Herkunft und Bedeutung von Wörtern (z. B. die verschiedenen Ausgaben des Dudens). Bei Fremdwörterbüchern ist der Wortschatz einer Sprache dem einer anderen gegenübergestellt. Wörterbücher sind alphabetisch geordnet.

Beachten Sie für den richtigen Umgang mit Nachschlagewerken:

— Stellen Sie für jedes Schulfach und für jedes Projekt, das Sie im Arbeitsleben bearbeiten, fest, welche Nachschlagewerke es dafür gibt.

— Bei fast jedem Nachschlagewerk gibt es einen Regelteil und Hinweise für die Benutzung. Diese sollten Sie sich genauer anschauen.

— Am besten lernt man den effektiven Umgang mit Nachschlagewerken, indem man häufig nachschlägt und eine gewisse Routine entwickelt. Informieren Sie sich dort so oft wie möglich über unklare Begriffe.

Wörterbuch

Enzyklopädie

Lexikon

Wörterbuch

Erkundung, Interview und Sachverständigenbefragung [7]

Findet man die zur Lösung von Problemen erforderlichen Angaben nicht in Fachbüchern oder Nachschlagewerken, sollte überlegt werden, ob man die Informationen nicht auch selbst „aus erster Hand" gewinnt („Fragen Sie doch jemand, der sich damit auskennt"). Dies kann durch Erkundungen, Interviews bzw. Expertenbefragungen geschehen. Durch diese Methoden können Informationen gewonnen und noch offene Fragen geklärt werden.

Bei einer ***Erkundung*** werden ***Beobachtungsaufträge*** oder ***Interviews*** in der realen Arbeitswelt durchgeführt.

Damit die Erkundung zum Erfolg führt, sollten Sie folgende Hinweise beachten:

— Die Erkundung muss gründlich vorbereitet werden.

Dazu gehört neben der zeitlichen Planung die Festlegung der Ziele und der zu erledigenden Aufträge.

— Es muss geklärt werden, ob Fragen gestellt werden sollen oder ob lediglich eine Beobachtung von Abläufen möglich ist.

— Vorher sollte genau festgelegt werden, welche Ansprechpartner die gewünschten Informationen zur Verfügung stellen können.

— Für die leichtere Orientierung sollte ein Fragebogen vorbereitet werden.

— Falls es keine Interviewpartner gibt, muss geklärt werden, welche Abläufe beobachtet werden sollen. Hierfür sollten Beobachtungsbögen erstellt werden.

— Beobachtungsaufträge müssen vergeben werden.

— Es muss eine Bestimmung der Beobachter/Interviewer und Protokollschreiber erfolgen.

— Es muss Einigung erzielt werden, wie die Erkundungsergebnisse (z. B. Referat, Grafik) dargestellt werden sollen.

— Die Erkundung muss effektiv ausgewertet werden.

Die Absicht eines Interviews liegt darin, Informationen im Dialog oder einem Gespräch mit mehreren Personen zu erhalten. Bei diesen Informationen kann es sich um Sachinformationen oder um persönliche Stellungnahmen handeln. Besonders häufig werden sie bei Persönlichkeiten aus Politik, Wirtschaft und Gesellschaft durchgeführt. Im Rahmen der Marktforschung werden Interviews für die Erhebung von Primärdaten durchgeführt. Aber auch im Privatbereich kommt es oft zu Interviews.

[7] **Expertenbefragungen sollten gezielt vorbereitet werden:**

— Das Gesprächsziel muss klar formuliert sein.

— Das Thema sollte auf wenige überschaubare Aspekte beschränkt sein. (Zu viele unwichtige Fragen können ein Interview unübersichtlich machen und z. B. das Ziel verfehlen wichtige Informationen zu erhalten.)

— Zur Erleichterung der Befragung bzw. zur präziseren Fragestellung sollte ein Fragebogen vorbereitet werden.

— Es ist sinnvoll, eine Terminabsprache mit dem Interviewpartner vorzunehmen.

Entwicklung eines Fragebogens

Mithilfe eines Fragebogens kann das Interview seitens des Interviewers leichter gesteuert werden. Mit seiner Hilfe ist eine genauere Informationsbeschaffung möglich. Die Fragen sollten gut vorbereitet sein. Handelt es sich um ein längeres Interview, sollte dieses mit Unterstützung eines Diktiergerätes mitgeschnitten werden. So hat man hinterher die Möglichkeit, die Antworten des Interviewten weitgehend originalgetreu festzuhalten. Damit der Interviewte die Fragen nicht nur mit Ja oder Nein beantworten kann, sollten diese offen gestellt werden.

Offene Frage:

Was gefällt Ihnen besonders an unserem Fachgeschäft, das Sie dieses dem Fachmarkt von gegenüber bevorzugen?

____

Häufig werden geschlossene Fragen gestellt, die nur mit Ja oder Nein beantwortet werden können. Dies erleichtert die spätere Auswertung.

Geschlossene Frage:

Gehen Sie gerne in unserem Fachgeschäft einkaufen?	☐ *ja*	☐ *nein*
Welche unserer Dienstleistungen bevorzugen Sie?	☐ *Parkplätze*	
	☐ *kostenloser Heimtransport*	
	☐ *Änderungsservice*	

In Marktforschungsstudien werden in der Regel halbstandardisierte Interviews bevorzugt, die eine Kombination offener sowie geschlossener Fragen beinhalten.

Inhalte reduzieren und Wesentliches erkennen [8]

Stellen Sie sich vor, Sie müssen die Inhalte eines Themengebietes, eines Textes oder eines Lehrstoffes für eine Prüfung oder für ein Referat beherrschen. Ihre Aufgabe ist es jetzt, dieses Themengebiet so zu bearbeiten, dass Sie nach der Bearbeitung die Inhalte auf ein Wesentliches reduziert haben. Das Wesentliche eines Themas erkennen Sie, wenn Sie sich den Aufbau des Inhaltes genau anschauen. Erstellen Sie sich einen Überblick über den Aufbau mithilfe folgender Fragen:

1. Was ist das *Hauptthema*?
2. Welches sind die *Hauptgedanken*? Was will der Autor damit sagen? (Verallgemeinerungen, Regeln, Hauptargumente, Merkmale ...)
3. Welches sind die *unterstützenden Einzelheiten*, die den jeweiligen Hauptgedanken veranschaulichen? Womit werden die Hauptgedanken veranschaulicht (Erklärungen, nähere Beschreibungen)?

Achten Sie besonders auf die *Form* der Informationen. Wesentliche Informationen eines Inhaltes erkennt man häufig daran, dass sie im Text z. B. durch

Fettdruck
oder Unterstreichungen,
durch besondere **Farben**
oder Rahmungen

hervorgehoben werden, z. T. werden sie auch als

Randbemerkung

besonders hervorgehoben. Wichtige Textstellen sind häufig die

Einleitungen,
die Zusammenfassungen
sowie die Überleitungen zwischen zwei Gedanken.

An diesen Stellen werden meistens Strukturen erkennbar.

Wenn Sie schließlich das Wesentliche eines Themengebietes, eines Textes oder eines bestimmten Lehrstoffes erkannt haben, müssen diese herausgefilterten Inhalte geordnet werden.

[9] *Informationen ordnen und strukturieren*

Bauen Sie sich Strukturen, die es Ihnen leichter machen die vielen wesentlichen Informationen zu einem Thema, einem Text oder einem Lehrstoff zu überblicken. Verschaffen Sie sich den Überblick, indem Sie verschiedene Techniken der visualisierten Strukturierung an den entsprechenden Stellen anwenden. An dieser Stelle sollen einige Möglichkeiten des Ordnens und der Strukturierung von Inhalten an konkreten Beispielen vorgestellt werden.

1. Ordnung einfacher Informationen

— nach Alphabet

— nach Substantiven

— nach der Größe

— nach anderen Gemeinsamkeiten

2. Ordnung komplexer Inhalte mit verschiedenen Strukturierungsmethoden

Die Erstellung einer visualisierten Struktur zu einem kompletten Inhalt, einem Text bzw. einem Lehrstoff ist nicht ganz einfach und bedarf daher der Kenntnis verschiedener Strukturierungsmethoden:

a) Strukturierung durch die Erstellung eines Mind-Maps, eines Baumes bzw. eines Gedankennetzes:

Mind-Map (vgl. auch S. 81)

a) Legen Sie ein großes weißes Blatt Papier auf den Tisch.

b) Schreiben Sie das Thema in die Mitte des Blattes.

c) Arbeiten Sie das Wesentliche des Themas heraus (⇨ Inhalte reduzieren und Wesentliches erkennen [8]).

1. Was ist das *Hauptthema*?
   Sozialversicherungen
2. Welches sind die *Hauptgedanken*?
   Was will der Autor damit sagen?
   (Verallgemeinerungen, Regeln, Hauptargumente, Merkmale ...)
   Die Sozialversicherung setzt sich aus den verschiedenen Zweigen zusammen:

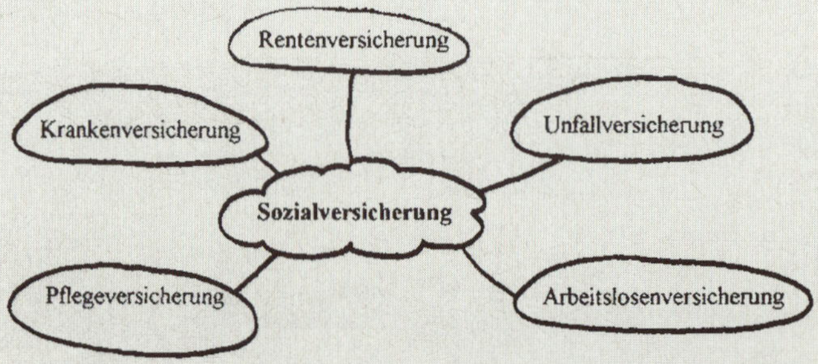

3. Welches sind die *unterstützenden Einzelheiten*, die den jeweiligen Hauptgedanken veranschaulichen? Womit werden die Hauptgedanken veranschaulicht (Erklärungen, nähere Beschreibungen)? [9]

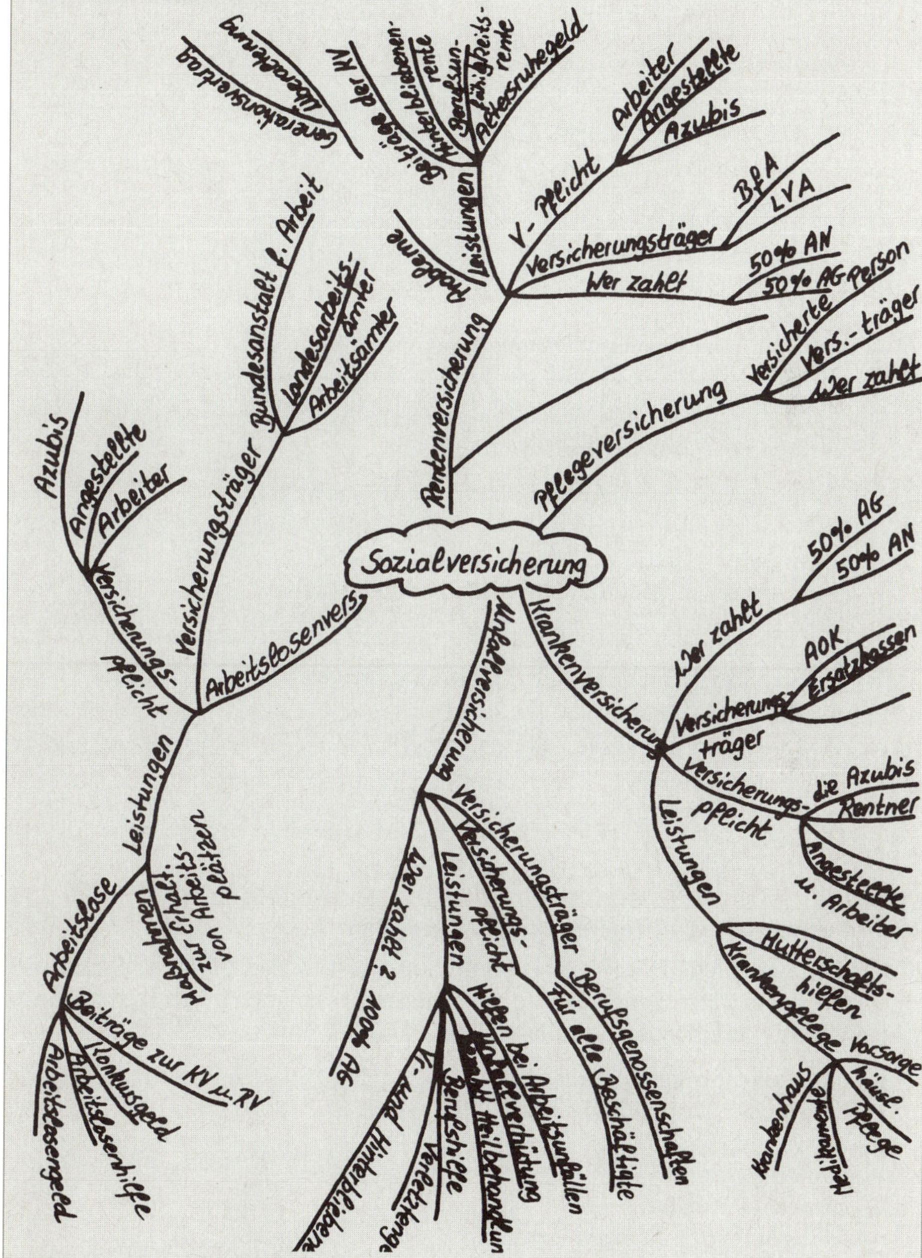

[9] **Baumstruktur**

— *Hierarchische Strukturierung:*
Sie leitet aus Oberbegriffen logisch-systematisch Unterbegriffe ab und umgekehrt.

Beispiel:

S V

KV AV RV PV UV

— *Kausale Strukturierung:*
Sie stellt den Ursache-Wirkungs-Zusammenhang dar.

Beispiel:

Leistungen bei Unfallfolgen

Arbeitsunfall Wegeunfall Berufskrankheit

↓ ↓ ↓

Arbeitgeber meldet den Unfall der Genossenschaft

↓

Berufsgenossenschaft prüft und bewilligt

↙ ↓ ↘ ↘

Heilbehandlungen Berufshilfe Renten Übergangsgeld

b) *Strukturierung mithilfe von Diagrammen*

Diagramme dienen der Veranschaulichung bestimmter Abläufe, Strukturen sowie Bestandsgrößen. Mithilfe von Diagrammen können auch die Inhalte von Texten bildlich dargestellt werden.

Darstellungsformen können sein:
— Kreis- oder Tortendiagramm
— Kurvendiagramm
— Säulendiagramm
— Liste und Tabelle
— Aufbaudiagramm/Organigramm
— Ablaufdiagramm

Kreis- oder Tortendiagramm [9]

Mit einer solchen Darstellung werden das Ganze und seine Teile in einem Überblick dargestellt.

Die Gesamtmenge entspricht 360 Grad = 100 Prozent

Die Teilmengen sind entsprechend umzurechnen.

Quelle: „System der sozialen Sicherung" (Schülerarbeitsheft), Hrsg.: AOK Bundesverband

Kurvendiagramm

Eignen sich, um Entwicklungen oder Verläufe innerhalb eines bestimmten Zeitraumes darzustellen.

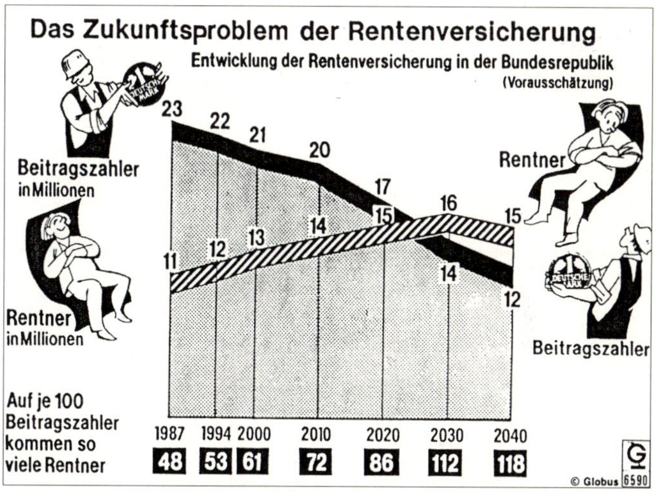

Säulendiagramm

Säulendiagramme eignen sich, um Größen miteinander vergleichbar zu machen.

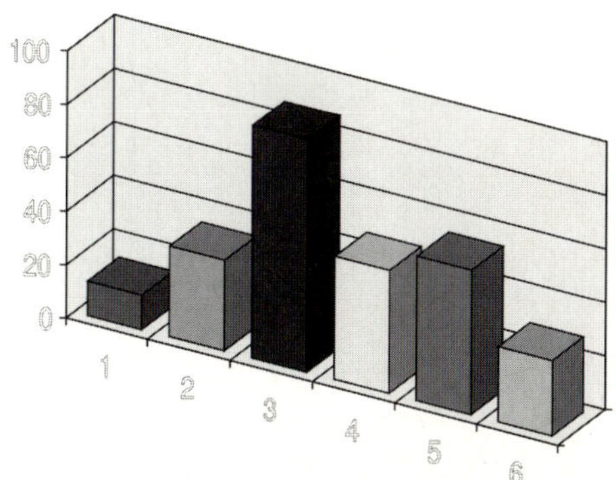

[9] Liste und Tabelle

Eine Tabelle eignet sich besonders gut zur Gegenüberstellung oder Auflistung von Inhalten, Zahlen ...

Die Leistungen der Arbeitslosenversicherung

umfassen

Leistungen an Arbeitslose	**Arbeits- und Berufsförderung**	**Maßnahmen zur Erhaltung und Schaffung von Arbeitsplätzen**
– Arbeitslosengeld (aus Mitteln der Arbeitslosenversicherung) – Arbeitslosenhilfe (aus Mitteln des Bundes) – Konkursausfallgeld – Beiträge zur Kranken- und Rentenversicherung	– Arbeitsvermittlung – Berufsberatung – Berufsausbildungsbeihilfe – Fortbildung – Umschulung – Einarbeitungszuschüsse – Berufsfördernde Leistungen zur Rehabilitation	– Kurzarbeitergeld – Förderung der ganzjährigen Beschäftigung in der Bauwirtschaft – Maßnahmen zur Arbeitsbeschaffung

Aufbaudiagramm/Organigramm

dient der Darstellung von Strukturen und Abläufen

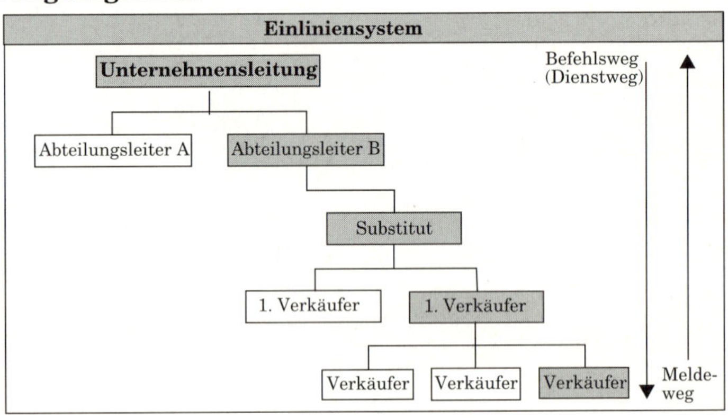

Ablaufdiagramm

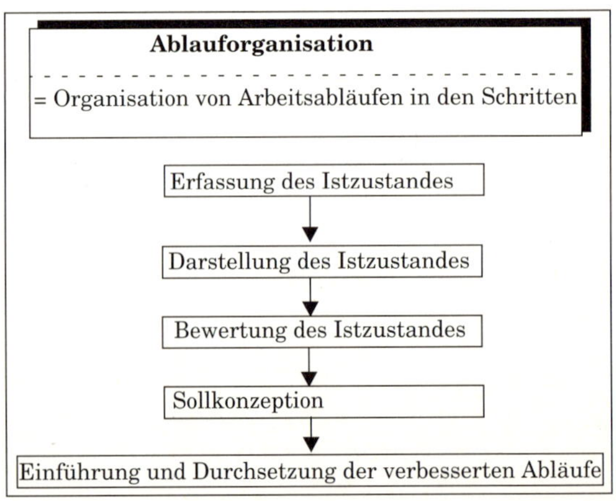

369228

c) Die Beziehung der Inhalte im Überblick [9]

Bei komplexen Inhalten sollten die Beziehungen, die zwischen den einzelnen Elementen bzw. Merkmalen bestehen, veranschaulicht werden.

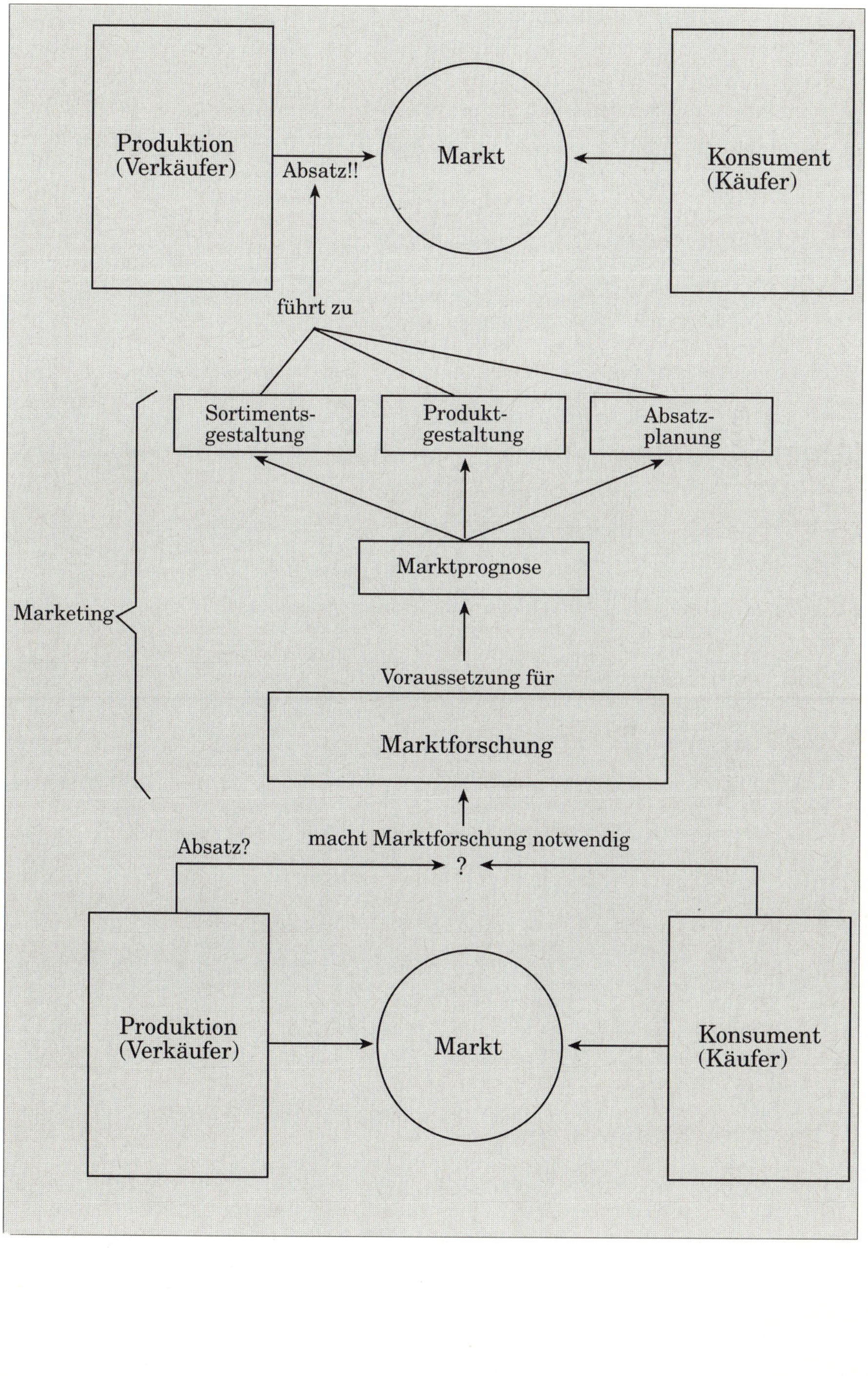

[9] ***d) Vergleich verschiedener Informationen***

Der Vergleich ermöglicht es wesentliche Inhalte nach bestimmten Gesichtspunkten zu beurteilen. Diese Strukturierungsmethode bietet sich an, wenn Inhalte nach Gemeinsamkeiten und Unterschieden untersucht werden sollen oder aber ein Überblick über alle relevanten Merkmale eines Sachverhaltes gegeben werden soll. Werden z. B. die Sozialversicherungen thematisiert, dann können die Merkmale der verschiedenen Versicherungen in einer Matrix aufgelistet und verglichen werden. Die Matrix gibt einen Überblick über alle wichtigen Versicherungen und deren wichtigsten Merkmale.

Die Sozialversicherungszweige				
	Versicherungsträger	**Versicherungspflicht**	**Leistungen**	**wer zahlt Beiträge**
KV	AOK, Ersatzkassen, Betriebskrankenkassen	für alle Azubis, Rentner, Studis ab 27 Jahren, für Angestellte und Arbeiter bis zur Versicherungspflichtgrenze, Arbeitslose	Krankenpflege, Krankenhaus, häusl. Pflege, Medikamente, Krankengeld, Vorsorgen, Mutterschaftshilfen, Vers. der Fam.-Mitglieder	50 % AG 50 % AN 13,4 %
UV	Berufsgenossenschaften	für alle Beschäftigten Kinder im Kindergarten, Schüler, Studenten und Pflegepersonal	Hilfen bei Arbeitsunfällen, sorgt für Unfallverhütung, bezahlt Heilbehandlungen, Berufshilfe, Verletztengeld, Verletzten- und Hinterbliebenenrente	100 % AG
RV	Bundesversicherungsanstalt für Angestellte (BfA), Landesversicherungsanstalt für Arbeiter (LVA)	für alle Arbeiter, Angestellten, Auszubildenden, Handwerker, selbstständige Künstler, Publizisten, Wehr- und Zivildienstleistende, Pflegepersonal	Altersruhegeld, Renten wg. Berufs- oder Erwerbsunfähigkeit, Hinterbliebenenrente, Beiträger der KV, der Rente (Umschulungen)	50 % AG 50 % AN 20,3 %
AV	Bundesanstalt für Arbeit, Landesarbeitsämter, Arbeitsämter	für alle Arbeiter, Angestellten, Auszubildenden	Leistungen an Arbeitslose: Arbeitslosengeld, Arbeitslosenhilfe, Konkursausfall, Beiträge zur Kranken- und Rentenvers.; Arbeits- und Berufsförderung, Maßnahmen zur Erhaltung von Arbeitsplätzen	50 % AG 50 % AN 6,5 %
PV	AOK, Ersatzkrankenkassen, Betriebskrankenkassen	siehe KV	Pflegesachleistungen, Pflegegeld, Pflegehilfsmittel	50 % AG 50 % AN 1,7 %

3. Kurzzusammenfassungen

Sollte die visualisierte Strukturierung von Inhalten für ein bestimmtes Thema nicht möglich sein, dann wäre die Erstellung einer Kurzzusammenfassung eine weitere Alternative, um die wichtigsten Inhalte zusammenzufassen. Diese sollte die wichtigsten Punkte beinhalten, damit beim späteren Wiederholen des Themas nur noch die Zusammenfassung, nicht aber mehr das Original, benötigt wird.

Strukturlegetechnik [10]

Unser tägliches Leben ist neben den alltäglichen, privaten Problemen gekennzeichnet durch eine Vielzahl von allgemeinen Problemen, die alle angehen und bewältigt werden müssen. Umweltverschmutzung, Verkehrsdichte, Verpackungsflut, Massenentlassungen, Arbeitslosigkeit, um nur einige zu nennen. Die Suche nach einer Lösung für jedes einzelne Problem ist nicht ganz einfach. An einem Beispiel soll dies demonstriert werden.

Aufgrund der Verkehrsdichte, des Lärms und der Luftverschmutzung in einer Innenstadt setzten sich die Bürgerinitiative, der Stadtrat und der Bürgermeister zusammen, um eine Lösung für das Problem zu finden. Sie beschlossen das Tempolimit für den Autoverkehr auf Tempo 30 zu senken und Verkehrsberuhiger aus Beton am Straßenrand zu befestigen. Sie glaubten mit dieser Entscheidung die Lösung für das Problem der Verkehrsdichte, der Lärmbelästigung und der Luftverschmutzung gefunden zu haben. Ergebnis dieser Maßnahme war auch zunächst, dass die Autos nun langsamer durch die Stadt fuhren. Sie fuhren nun nicht mehr im dritten, sondern im zweiten Gang. Dadurch waren die Autos nun aber lauter und abgasreicher als zuvor. Die Fahrt zum Einkaufen dauerte nun auch nicht mehr nur 20 Minuten, sondern 30 Minuten, da ja alles langsamer fuhr. Außerdem nahm die Zahl der Autos in der Stadt noch zu, da sich jeder Einzelne insgesamt mit dem Auto länger in der Stadt aufhielt. Resultat war, dass viele Leute, die ursprünglich in der Stadt einkaufen wollten, so genervt waren, dass sie ihren Einkauf auf die grüne Wiese vor der Stadt verlagerten. So nahm die Verkehrsdichte im Zentrum schließlich doch noch ab. Aber die Reduzierung auf Tempo 30 sorgte weiterhin für mehr Lärm und Luftverschmutzung. Da nun viele Konsumenten, die früher in der Innenstadt gekauft hatten, jetzt außerhalb des Stadtzentrums ihre Einkäufe erledigten, sanken die Umsätze in den Innenstadtgeschäften beträchtlich. Viele der kleinen Unternehmen im Stadtzentrum mussten daraufhin ihren Laden schließen.

aus: D. Dörner: Die Logik des Misslingens

Was war geschehen? Welche Folgen und Nebenwirkungen der getroffenen Entscheidungen sind nicht beachtet worden? Diese eben geschilderte Entwicklung zeichnete sich nicht innerhalb kürzester Zeit ab, sondern vollzog sich innerhalb eines bestimmten Zeitraumes. Die Planer haben die zeitliche Entwicklung ihrer Problemlösung nicht beachtet. Sie haben nur das Problem der Verkehrsdichte, der Luftverschmutzung und der Lärmbelästigung gesehen. Daher beschlossen sie, etwas gegen diese Probleme zu unternehmen. Das Problem der Verkehrsdichte konnten sie ja auch eindämmen. Als Folge der einen Problemlösung sind jedoch neue Probleme hinzugetreten.

[10]

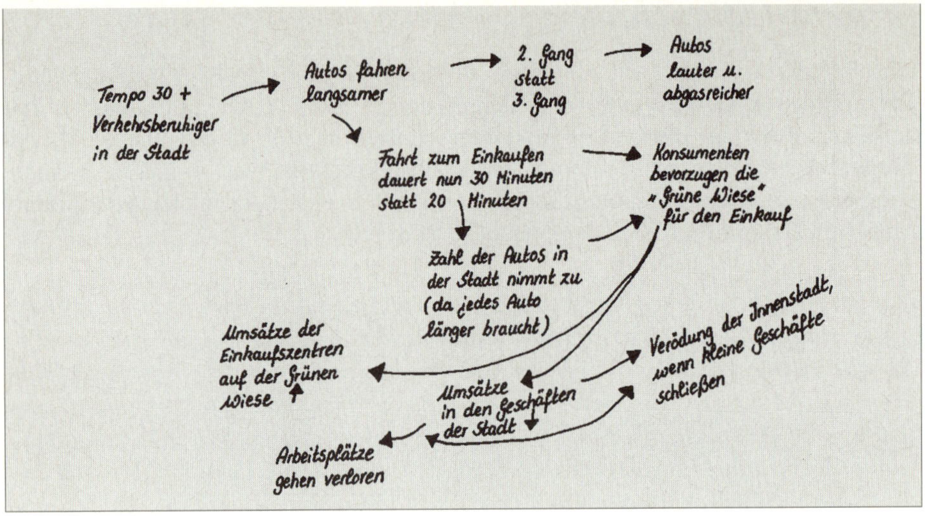

Welche Fehler haben die Experten gemacht?

— Es wurde zu Beginn keine umfassende Analyse der Situation durchgeführt. Das Problem wurde isoliert betrachtet.

— Nebenwirkungen, Wechselwirkungen bzw. Folgewirkungen (Wirkungen, die sich erst später bemerkbar machen) der getroffenen Maßnahmen wurden überhaupt nicht berücksichtigt.

— Die Konsequenzen der gefundenen Maßnahme wurden nicht weiterverfolgt. Man war überzeugt die richtige Lösung gefunden zu haben, und legte damit das Problem ad acta.

Wie sind solche Fehler bei der Lösung komplexer Probleme zu vermeiden?

— Das Problem muss als Ganzes betrachtet werden. Deshalb muss der Zusammenhang zwischen den verschiedenen Einflussgrößen und deren Effekte beachtet und erfasst werden.

— Man muss lernen, dass man in komplexen Situationen nicht nur eine Sache der Reihe nach machen kann, sondern immer mehrere gleichzeitig machen muss. Das bedeutet, dass man auch die verschiedenen Konsequenzen, die eine Entscheidung hervorruft, weiterverfolgen muss, um die Entscheidungen gegebenenfalls korrigieren zu können.

— Nebenwirkungen und Fernwirkungen zeigen sich erst spät, gerade deshalb sind sie zu beachten. Manche Effekte können sogar nicht nur später auftreten, sondern auch woanders zum Vorschein kommen.

An dem Beispiel „Verpackungsflut – Lösung: Reduzierung der Verpackung" soll die Möglichkeit einer ganzheitlichen Betrachtung des Problemes aufgezeigt werden.

[10]

Gehen Sie davon aus, dass die Verpackung reduziert wird bzw. überwiegend ganz auf sie verzichtet wird.

Suchen Sie die Konsequenzen aus dieser Entscheidung und verbinden Sie die Beziehung zweier Wirkungen mit einem Pfeil in die entsprechende Richtung.

Tragen Sie nun die gesammelten Konsequenzen in einem Schaubild zusammen:

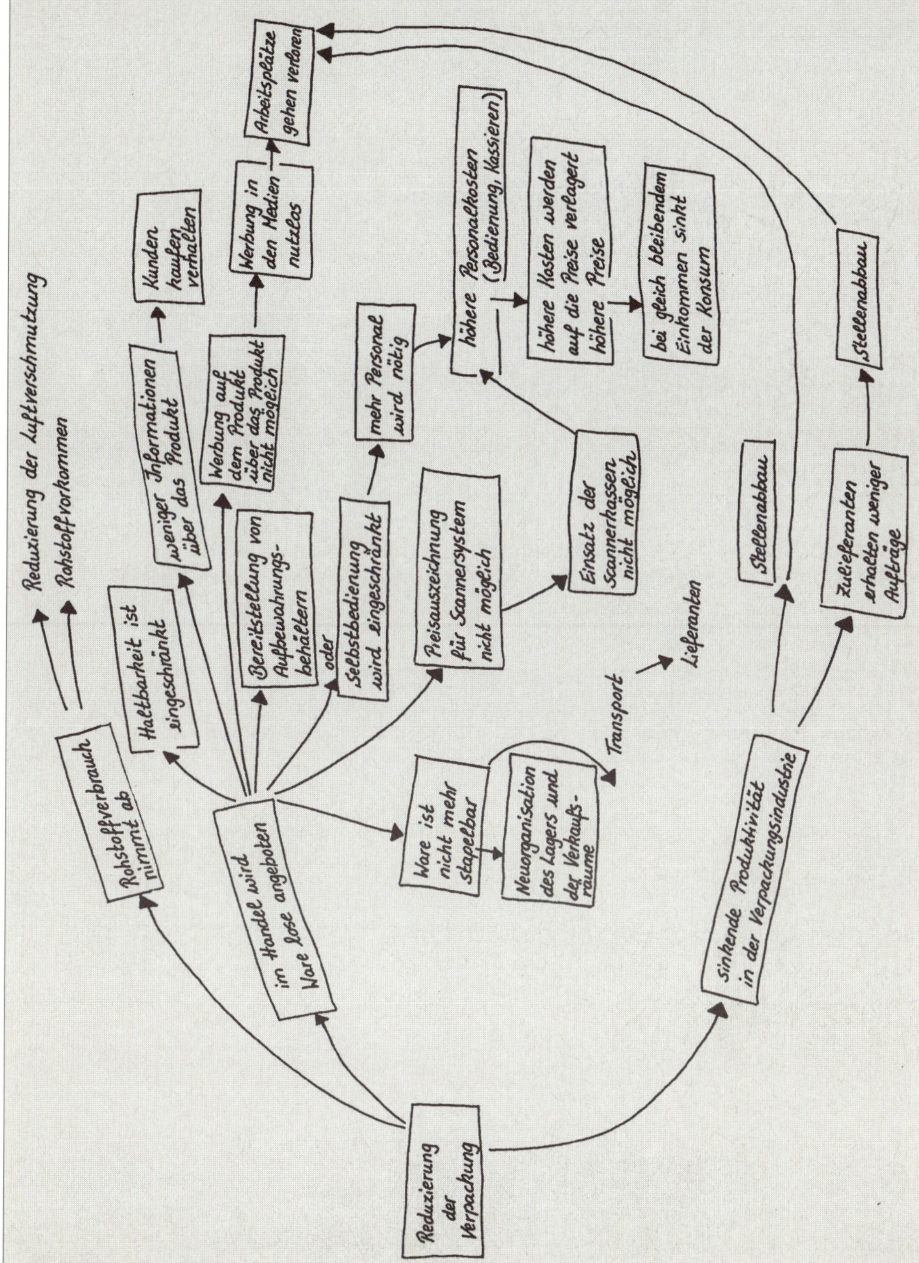

[10] Der Netzplan, den Sie nun erstellt haben, zeigt Ihnen zunächst die Zusammenhänge, die sich aus der Entscheidung die Verpackung zu reduzieren, ergeben. Im weiteren Verlauf können nun einzelne Beziehungen herausgegriffen werden, um zu untersuchen, in welche Richtung die Wirkung nach einer bestimmten Zeit verläuft. Handelt es sich um eine gleichgerichtete Wirkung oder um eine entgegengerichtete Wirkung?

Gleichgerichtete Beziehung (+)

Verpackungs-produktion	+	Arbeitsplätze in der Verpackungsindustrie
	Sinkt die Verpackungsproduktion, sinken die Arbeitsplatzzahlen. Steigt die Verpackungsproduktion, steigen die Arbeitsplatzzahlen.	

Entgegengerichtete Beziehung (–)

Verkauf der Ware mit Verpackung	–	Selbstbedienung
	Sinkt das Angebot Ware mit Verpackung anzubieten, steigt die Notwendigkeit weitere Verkäufer(innen) einzustellen (Bedienung). Steigt das Angebot an verpackter Ware, sinkt die Notwendigkeit Verkäufer(innen) einzustellen (Selbstbedienung).	

Bericht schreiben [11]

Berichte dienen dazu, Empfänger sachlich über Ereignisse, abgeschlossene Handlungen und Vorgänge zu informieren. Da diese Vorgänge bzw. Ereignisse bereits geschehen sind, wird darüber in der ***Vergangenheitsform*** berichtet. Meist werden die Aussagen in ***indirekter Rede*** wiedergegeben. Die Schreibhaltung beim Erstellen der Berichte sollte ***ohne eigene Meinung*** bzw. ***persönliche Stellungnahme*** bleiben.

Ereignisberichte können mithilfe folgender W-Fragen gegliedert werden:

- **Wann** geschah etwas?
- **Wo** geschah es?
- **Was** geschah?
- **Wer** war an dem Geschehen beteiligt?
- **Wie** kam es zu dem Ereignis?
- **Warum** ist es zu dem Ereignis gekommen?

Die Reihenfolge der Darstellung des Ereignisses, über das berichtet wird, resultiert aus dem zeitlichen Ablauf des Geschehens. Berichtet wird über alle wesentliche Details, die für das Verständnis des Geschehens von Bedeutung sind.

Tätigkeitsberichte werden mithilfe folgender W-Fragen erstellt:

- **Wann** wurde die Tätigkeit ausgeführt?
- **Um welche** Tätigkeit handelt es sich?
- **Wie** verlief die Tätigkeit im Einzelnen?

Für die Erstellung des Tätigkeitsberichts werden die wesentlichen Einzelheiten (z. B. die Schritte eines Arbeitsablaufs innerhalb einer bestimmten Tätigkeit während der Ausbildung) in der Reihenfolge entsprechend dargestellt.

[12] *Protokollieren*

Ein Protokoll ist ein Tagungs- oder Sitzungsbericht. Auch in anderen Veranstaltungen wie Konferenzen, Besprechungen und im Schulunterricht werden Protokolle angefertigt.

Es gibt vier verschiedene Protokollarten:

— Ein *Verlaufsprotokoll* hält den Ablauf einer Sitzung und das Zustandekommen von Ergebnissen und Beschlüssen mit allen wesentlichen Details fest. Aufgeführt werden z. B. alle Meinungen und Gegenmeinungen im Verlauf einer Diskussion.

— Ein *Ergebnisprotokoll* führt nur die Ergebnisse z. B. einer Sitzung auf. Meinungen und Gegenmeinungen im Vorfeld der Entscheidung kommen nicht ins Protokoll. Die gefassten Beschlüsse werden dafür genau, vollständig und unmissverständlich niedergeschrieben.

— Ein *Kurzprotokoll* ist die Wiedergabe des wesentlichen Inhaltes einer Besprechung in knapper, gedrängter Form.

— Ein *wörtliches Protokoll* enthält wortwörtlich die Ausführung jedes Redners.

Für den Aufbau eines Protokolls sollte folgende Gestaltungsform gewählt werden:

— **Protokollüberschrift**

— **Kopfteil,** der Angaben enthält zum
  - Termin (Wann?)
  - Ort (Wo?)
  - Teilnehmer bzw. Teilnehmerkreis (Wer?)
  - Anlass (Was?)
  - Thema (Tagesordnung?)

— **Textteil,** der Auskunft gibt über Verlauf und/oder Ergebnisse einer Veranstaltung

— **Schlussteil,** der die Daten und die Unterschriften enthält, durch die der Protokollinhalt rechtswirksam wird. Zusätzlich können ein Anlagen- und Verteilervermerk aufgeführt werden.

Bei der Anfertigung eines Protokolls sollten Sie beachten:

— Bilden Sie einfache, überschaubare Sätze.

— Verwenden Sie keine Phrasen oder umständliche Formulierungen.

— Gebrauchen Sie Fremdwörter nur, wenn diese als Fachausdrücke nicht ersetzt werden können.

Beispiel für ein Verlaufsprotokoll (Ausschnitt): [12]

Protokoll
Besprechung der Unternehmensleitung mit dem Betriebsrat

Datum: Montag 19. Aug. 1997

Ort: Tagungsraum

Zeit: 12:00 – 14:00 Uhr

Teilnehmer: Herr Otte (Sitzungsleiter), Frau Maibaum, Herr Spindler (EDV-Abteilung), Frau Bauer (Protokollführer)

Tagesordnung:
1. Anschaffung neuer Computer
2. Rationalisierungsmaßnahmen
3. Personaleinstellungen
4. Verschiedenes

Herr Otte eröffnet die Sitzung.

TOP 1: Anschaffung neuer Computer

Herr Spindler stellt den Anschaffungsbedarf vor.

Er erläutert das Angebot der Fa. edv-factory.

Frau Maibaum weist auf die veralteten, schwer zu bedienenden Computer im Lager hin und stellt die Frage, wann dort die EDV-Ausstattung erneuert wird.

Hildesheim, 19. Aug. 1997

Uwe Otte
Sitzungsleiter

A. Bauer
Protokollführer

Anlagen:
1 Angebot der Fa. edv-factory

Verteiler:
Unternehmensleitung
Betriebsrat

Beispiel für ein Ergebnisprotokoll (Auszug):

Ergebnisprotokoll

wie Verlaufsprotokoll

TOP 1: Anschaffung neuer Computer

Alle Teilnehmer stimmen der Anschaffung neuer Computer zu. Es werden daher von der EDV-Abteilung 14 PCs bei der Firma edv-factory zu Preisen und Konditionen laut beiliegender Anlage bestellt.

...

wie Verlaufsprotokoll

369237

[13] *Collage erstellen*

Die Collage ist eine gestalterisch-künstlerische Methode, mit der viele Fragenstellungen ideen- und abwechslungsreich bearbeitet werden können. Damit ist die Collage ein Verfahren der produktiven Informationsbearbeitung. Aus alten Zeitschriften, Zeitungen, Bildern usw. wird ein neues Werk erstellt, in dem Teile entnommen und neu geordnet, gruppiert und bebildert werden.

Mit Collagen können Sie

— Begriffe erklären,

— Ereignisse kommentieren,

— Fragen stellen,

— Antworten geben,

— Aussagen ergänzen, korrigieren, kontrastieren,

— gegenwärtige Sichtweisen und Stimmungen ausdrücken.

Vorgehensweise bei der Erstellung:

1. **Aufgabenstellung:**

   Bestimmen Sie das Thema und das Ziel der Collage.

2. **Vorbereitung:**

   Besorgen Sie alte Zeitungen, Zeitschriften, Kataloge, Prospekte, Tapeten, Scheren, Klebstoff usw.

3. **Durchführung:**

   In Einzel-, Gruppen- oder Partnerarbeit erstellen Sie aus dem vorher besorgten Material die Collage.

4. **Auswertung:**

   Die Hersteller der Collage erläutern und kommentieren ihr Werk.

Erstellen und Auswerten von Tabellen und Schaubildern [14]

Tabellen dienen dazu, eine Vielzahl von Informationen besser überschaubar zu machen. Sie werden also verwendet, um Sachverhalte übersichtlich und zusammenfassend zu beschreiben.

> ***Beispiel:***
> Ein kleineres Fachgeschäft möchte die zeitliche Entwicklung der Umsätze dreier Warengruppen untersuchen. Aus der Buchführung werden die einzelnen Zahlen für die Jahre 1994 bis 1996 ermittelt. Um bestimmte Entwicklungen zu erkennen, wird der Vorschlag gemacht eine Tabelle mit den absoluten Häufigkeiten zu erstellen.

Erstellung von Tabellen

Verfügen Sie über viel Zahlenmaterial, empfiehlt es sich, dieses sinnvoll und anschaulich in einer Tabelle darzustellen. Bestimmte Sachverhalte und Trends lassen sich auf diese Weise erheblich schneller erkennen.

In Tabellen werden benannte Zahlen in senkrechte Spalten und waagrechte Zeilen eingeordnet. Es ist dadurch möglich, für eine Zahl mindestens zwei Merkmale anzugeben.Tabellen haben einen bestimmten Aufbau:

1. Die ***Überschrift*** kennzeichnet den Inhalt (z. B. Umsatzstatistik).
2. Der ***Tabellenkopf*** gibt die Merkmale der Zahlen in den senkrechten Spalten an. Er enthält also die Benennung der Zahlen, die in den Spalten stehen (z. B. Umsätze Warengruppe A, Warengruppe B usw.).
3. Die ***Vorspalte*** weist die Merkmale der waagrechten Zeilen aus. Hier erfolgt die Benennung der waagrechten Zeilen (1994, 1995, 1996).
4. Der ***Zahlenteil***

Beispiel: 1 2

Umsatzstatistik in DM für die Jahre 1994 bis 1996 Vesper und Klein OHG Stand 12. Febr. 1997			
Warengruppe / Jahr	A	B	C
1994	100.000	150.000	60.000
1995	120.000	110.000	140.000
1996	160.000	70.000	90.000

3 4

369239

[14] Bei der Erstellung einer Tabelle empfiehlt sich folgende Vorgehensweise:

1. Erstellen Sie zunächst die Überschrift der Tabelle, die deren Inhalt wiedergibt. Geben Sie dort evtl. auch an, wann, wo und von wem die Daten erhoben wurden.
2. Geben Sie die einzelnen Merkmale in Vorspalte und Kopfzeile der Tabelle an.
3. Ordnen Sie die jeweils dazugehörige Zahl in das Tabellenfeld (das ist der Schnittpunkt von Spalte und Zeile) ein.

Auswertung von Tabellen

Beim Lesen und Interpretieren von Tabellen sollte immer beachtet werden, dass, gewollt oder ungewollt,

— unübersichtliche Tabellen,
— Tabellen mit tendenzieller Hervorhebung von bestimmten Merkmalen,
— falsch angewendete Tabellen

trotz der Richtigkeit der zugrunde liegenden Zahlen beim Betrachter falsche Eindrücke erwecken können, die zu Fehlschlüssen und -entscheidungen verleiten. Daher ist beim Lesen von Tabellen und deren Auswertung erhöhte Aufmerksamkeit geboten.

Um eine Tabelle richtig zu analysieren, müssen Sie zunächst folgende Fragen untersuchen:

— Auf welchen Zeitraum bezieht sich die Darstellung in Tabellenform?
Welche und wie viele Merkmale werden in der Tabelle untersucht?
— Wer hat die Daten * wann,
* wo
* und für welche Zwecke
erhoben?
— Welches Merkmal wird als unabhängiges Merkmal (Ursache), welches als abhängiges Merkmal (Wirkung) aufgeführt?
— Stehen in der Tabelle absolute Häufigkeiten und/oder Prozentzahlen?
— Worauf beziehen sich die Zahlen in der Tabelle?

Nach Klärung dieser Fragen können Interpretationen vorgenommen werden. Dazu sind nicht selten Vorkenntnisse oder Zusatzinformationen notwendig, ohne die schnell eine falsche Deutung entstehen kann. Ganz allgemein sollte man sich davor hüten, allzu schnell Entschlüsse zu ziehen. Es muss immer untersucht werden, ob sich im Vergleich zweier Größen deutliche Unterschiede zeigen oder ob im zeitlichen Ablauf eine deutliche Tendenz zu erkennen ist. Häufig ist es hilfreich zu prüfen, ob und wo Minimal- oder Maximalwerte auftreten.

Auswerten von Karikaturen [15]

Bei einer Karikatur handelt es sich um eine Zeichnung. Diese trägt komische Züge und der Inhalt neigt zur Übertreibung. Durch Karikaturen werden Personen, Sachen, Verhaltensweisen oder auch Geschehen überzogen dargestellt, um das Wesentliche deutlich zu machen. Karikaturen zeigen Bilder, die bestimmte Sachverhalte, Ereignisse oder Ideen repräsentieren, deutlich herausstellen und vereinfachen.

Karikaturen können verwendet werden, um in Vorträgen oder in schriftlichen Ausarbeitungen – meist durch gewollte Übertreibung oder Verzerrung – anschaulich bestimmte Tatsachen, Ereignisse oder Probleme aufzuzeigen. Auch als Einstieg oder Schluss eines Vortrages sind Karikaturen denkbar.

Karikaturen wollen häufig jedoch nicht nur anschaulich darstellen, sondern zusätzlich auch kommentieren: Sie fordern den Betrachter also immer auch zur eigenen Stellungnahme heraus und sollen Problembewusstsein wecken.

Die Karikatur soll etwas auslösen und Gefühle und Gedanken in Gang setzen. Dabei kann es vorkommen, dass z. B. Schüler einer Klasse eine Karikatur unterschiedlich deuten und interpretieren.

Die Deutung einer Karikatur hängt von
— der Einstellung,
— dem Vorwissen,
— der Betroffenheit und
— dem Werturteil
— der betrachtenden Person ab.

Karikaturen sind z. B. geeignete Hilfsmittel für einen interessanten Unterrichtseinstieg in ein neues Themengebiet. Durch die Analyse einer Karikatur können Sie die dargestellte Problematik erfassen und das Themengebiet leichter erkennen, welches im weiteren Verlauf behandelt wird.

Um als Betrachter die Absicht hinter einer Karikatur genau zu erkennen, sollte sie näher analysiert werden:

Was wird gezeigt?
— Beschreibung der Karikatur

Welches Problem wird dargestellt?
— Betrachtung der Problematik, die die Karikatur beinhaltet

Welche
— Gefühle,
— Assoziationen,
— Gedanken,
— Vorstellungen,
— Vermutungen
werden durch die Karikatur ausgelöst?

aus: Neue Westfälische Zeitung vom 27. Juni 1987, Karikatur Körbi

[16] *Präsentation*

Die Präsentation von Arbeitsergebnissen wird im Unterricht immer wichtiger. Da Inhalte im Unterricht verstärkt in Gruppenarbeit, Partnerarbeit oder Einzelarbeit be- bzw. erarbeitet werden, müssen deren Ergebnisse im Anschluss an die Bearbeitungsphase für die ganze Klasse sichtbar gemacht werden. Die Präsentation kann auch zur Vorstellung von Referaten, Hausaufgaben oder Vorträgen die geeignete Methode sein, um über die Ergebnisse zu berichten bzw. diese vorzustellen. Die Visualisierung, d. h. das bildhafte Darstellen und Verdeutlichen, gehört in der Regel zu jeder guten Präsentation.

Die Präsentation erleichtert es
- — Ergebnisse vorzustellen
- — Ergebnisse für alle sichtbar und leichter nachvollziehbar zu machen
- — Ergebnisse zu vergleichen
- — Ergebnisse zu kontrollieren

Vorbereitung der Präsentation

1. Auswahl des Themas (z. B. Aufgabenstellung durch den Lehrer) sowie Bereitstellen der Arbeitsmaterialien
2. Bearbeitung des Themas, Reduzierung der Inhalte auf das Wesentliche und Lösung der gestellten Aufgabe
3. Festhalten der Ergebnisse und Auswahl der geeigneten Medien bzw. Hilfsmittel zur Darstellung der Ergebnisse

Präsentationskompetenz
durch Beherrschung der
↓
Präsentationstechnik

Medien/Hilfsmittel | Methoden | Regeln

369242

Medien für eine Präsentation [16]

Pinnwand:

Flipchart:

Overheadprojektor:

Tafel:

Papier/Pappen/Karten:

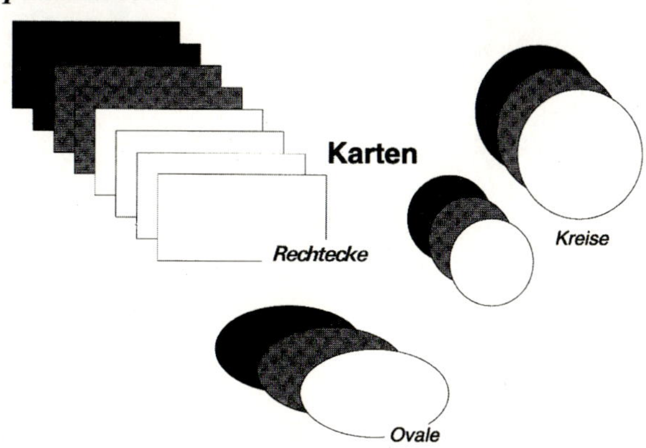

[16] Hilfsmittel

Stifte: 	***Pins:*** 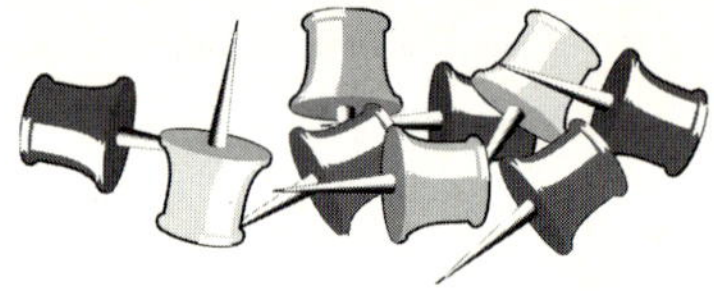
Scheren: 	***Kleber:*** 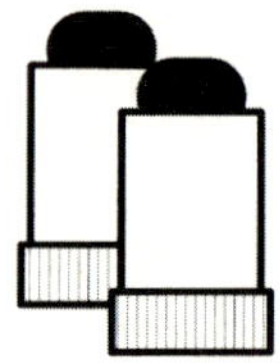
Folien: 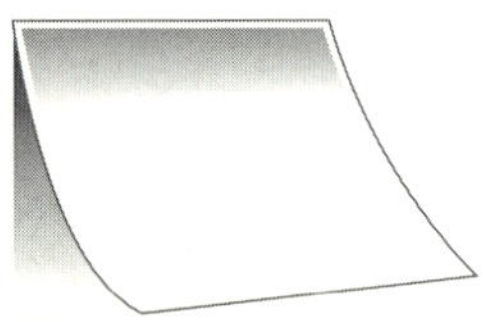	***Kreide:*** 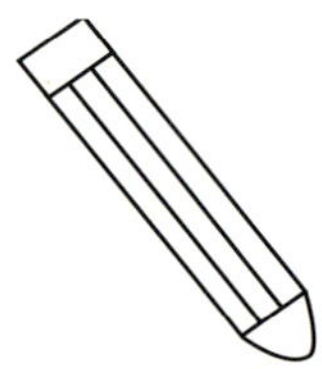
Klebestreifen: 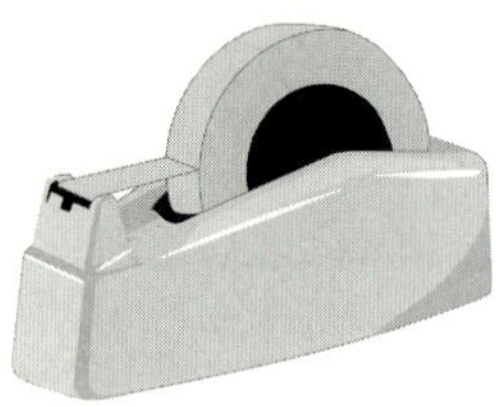	***Klebeband:*** 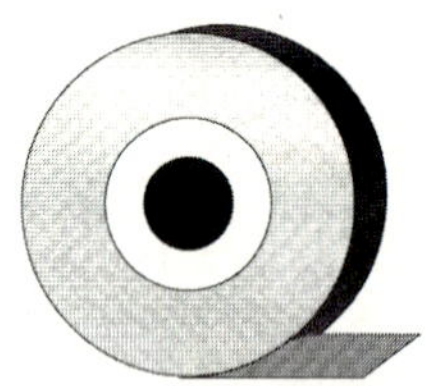
Klebepunkte: 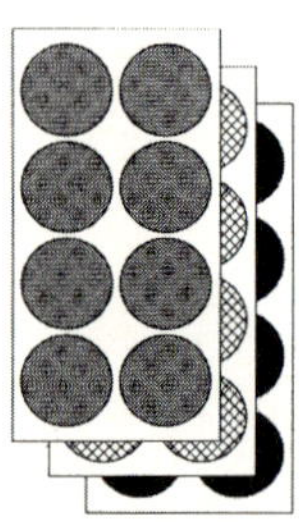	***Nadeln:*** 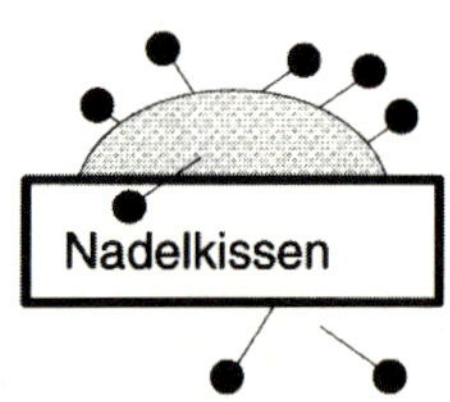

Flipchart: [16]

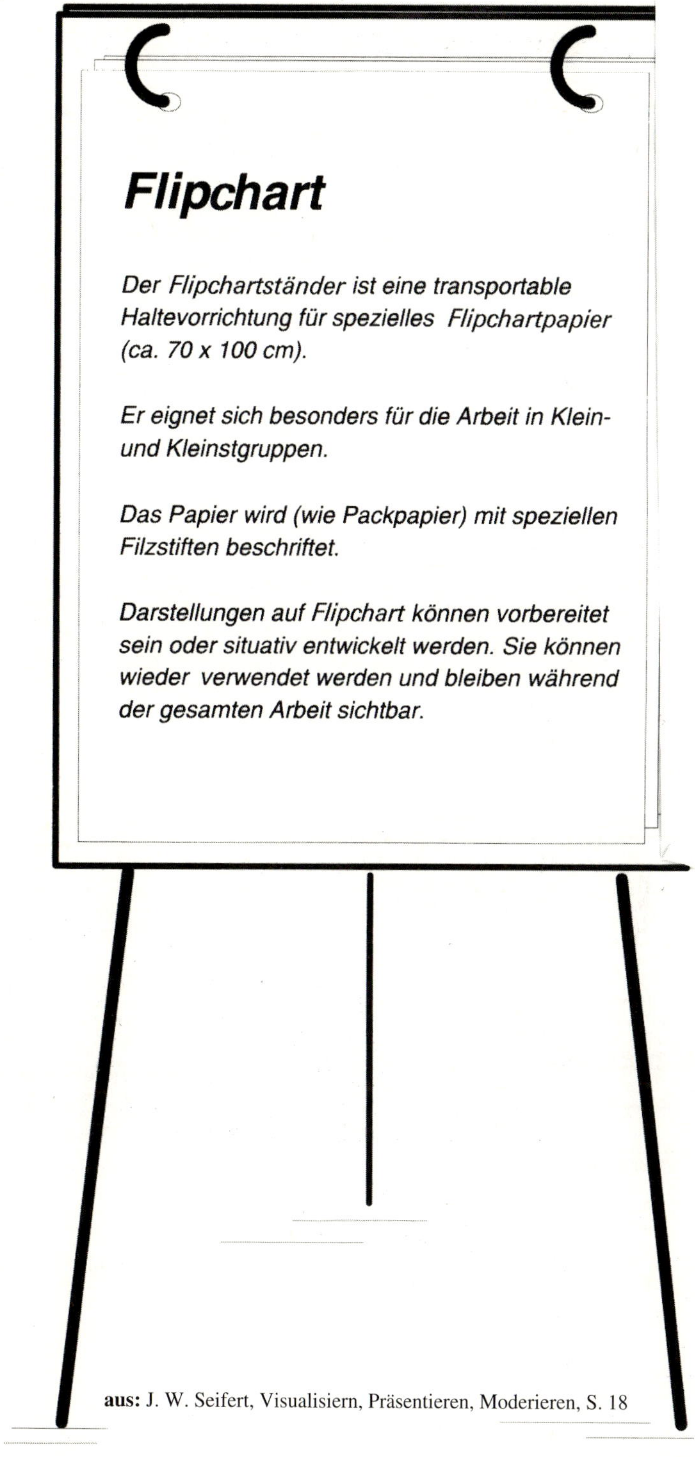

aus: J. W. Seifert, Visualisiern, Präsentieren, Moderieren, S. 18

[16] ***Overheadprojektor mit Transparentfolien:***

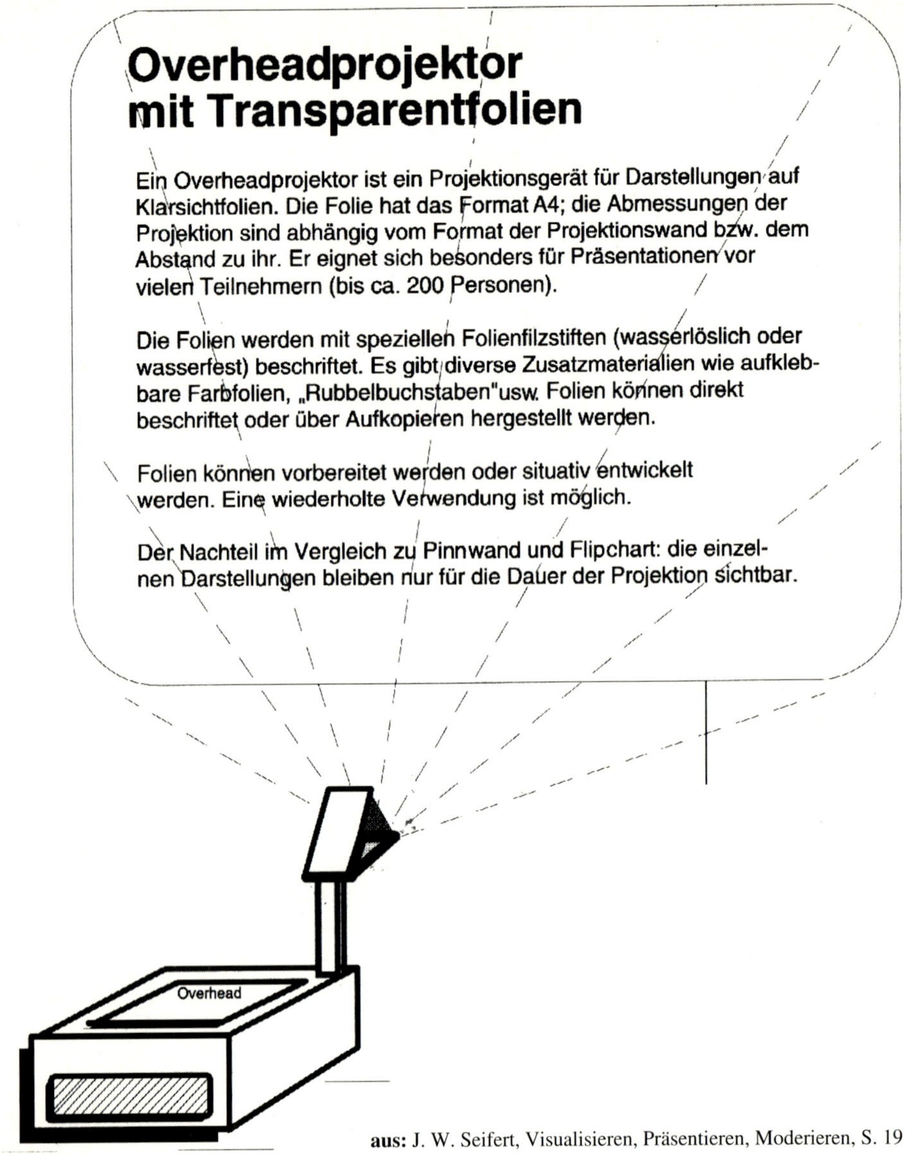

aus: J. W. Seifert, Visualisieren, Präsentieren, Moderieren, S. 19

369246

Pinnwand und Packpapier: [16]

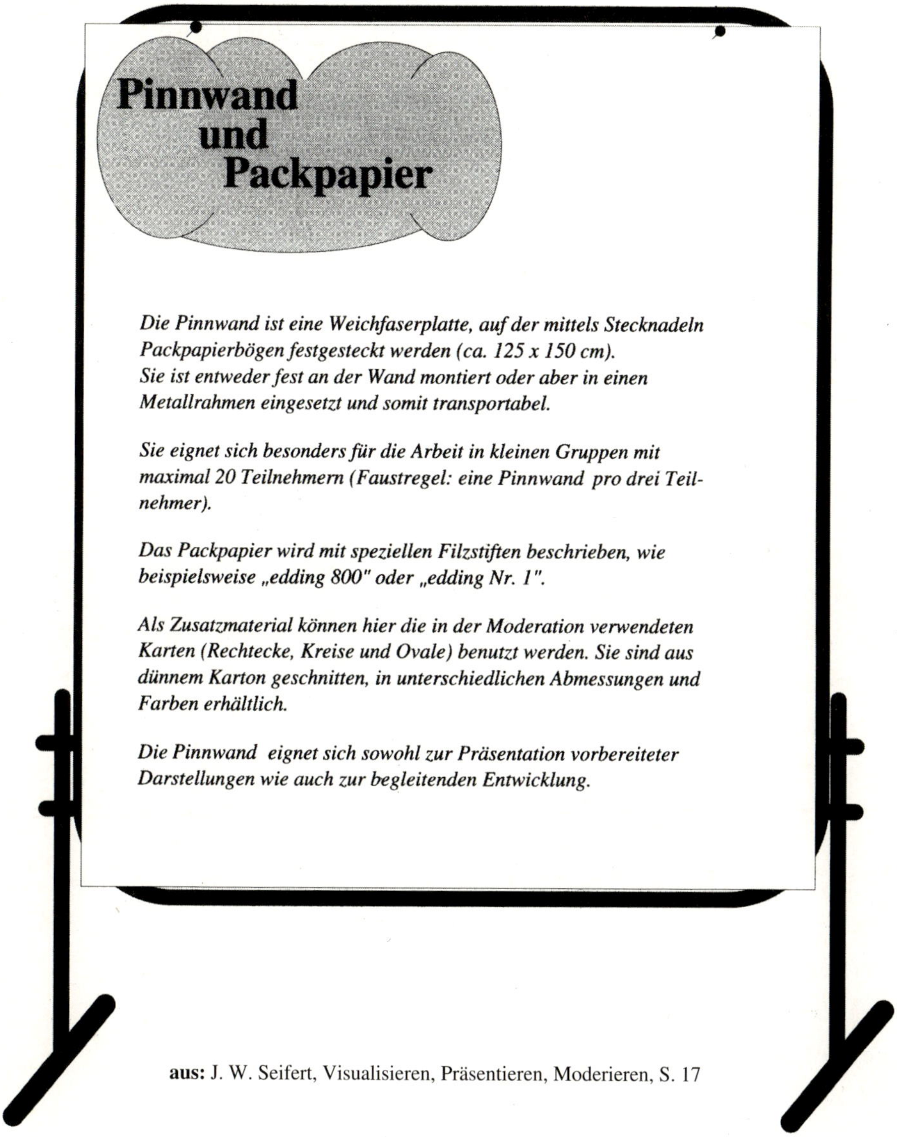

aus: J. W. Seifert, Visualisieren, Präsentieren, Moderieren, S. 17

Flipcharts, Pinnwände und Overheadprojektoren sind mittlerweile in den meisten Betrieben und an fast jeder Schule vorhanden. Folien, Packpapier sowie die anderen Hilfsmittel werden in der Schule oder im Betrieb zur Verfügung gestellt.

[16] **Methoden für die Präsentation**

— Collage
— Rollenspiel
— Mind-Map
— Karten-Abfrage (Metaplan)
— Strukturlegetechnik

Präsentationsregeln

— optisch strukturieren
— den Stoff nachvollziehbar gliedern
— auf das Wesentliche konzentrieren (weniger ist oft mehr)
— einen roten Faden für die Präsentation der Ergebnisse haben
— nicht abgehackt, sondern fließend sprechen
— in kurzen Sätzen sprechen
— Sprechpausen machen
— beim Präsentieren auf die Gestik und Mimik achten
— auf eine natürliche Haltung achten
— einen Spickzettel vorbereiten, um die Ergebnisse überwiegend frei vorzutragen
— darauf achten, dass die visualisierten Ergebnisse von allen gut zu sehen sind
— Tafel, Pinnwand oder Flipchart nicht verdecken
— die Teilnehmer anschauen und Augenkontakt halten
— den Teilnehmern nicht den Rücken zudrehen
— die Teilnehmer bei der Präsentation mit einbeziehen
— auf Fragen der Mitschüler eingehen

Nachbereiten der Präsentation

— Was war gut an der Präsentation?
— Was könnte für das nächste Mal verbessert werden?

Visualisierung [17]

Visualisierung heißt: Es wird etwas bildhaft dargestellt. Die optische Dokumentation kann zusätzlich zur verbalen Darstellung von Inhalten, Ergebnissen, Ereignissen usw. eingesetzt werden. Die optische Dokumentation hilft das gesprochene Wort zu erweitern oder zu ergänzen. In der Schule dient die Visualisierung zum einen der besseren Präsentation der Ergebnisse nach Gruppenarbeiten, Partner- oder Einzelarbeiten durch die Schülerinnen und Schüler, zum anderen aber auch der Vorstellung von Inhalten während des Unterrichts durch den Lehrer. Bei einer rein verbalen Darstellung von Inhalten oder Ergebnissen wird ein hoher Konzentrationsaufwand erforderlich, der schneller zu Ermüdungserscheinungen und Konzentrationsschwächen führt.

Die Visualisierung hilft
— die Informationen leichter zu verstehen.
— Wesentliches zu verdeutlichen (vgl. Wesentliches erkennen).
— das Gesprochene zu erweitern oder zu ergänzen.
— Inhalte zu strukturieren und darzustellen (vgl. Informationen ordnen und strukturieren).
— Abwechslung in die Präsentation zu bringen (vgl. Präsentation) und dadurch die Aufmerksamkeit des Empfänger zu erhöhen.

Medien für die Visualisierung:

— Pinnwand

— Flipchart

— Overheadprojektor

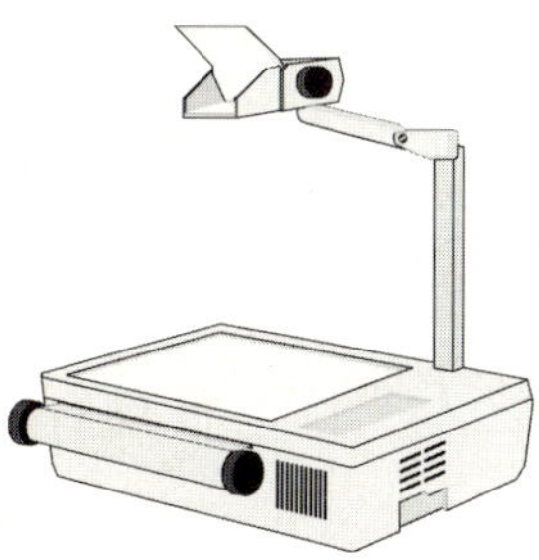

— Tafel

369249

[17] **— Papier/Pappen/Karten**

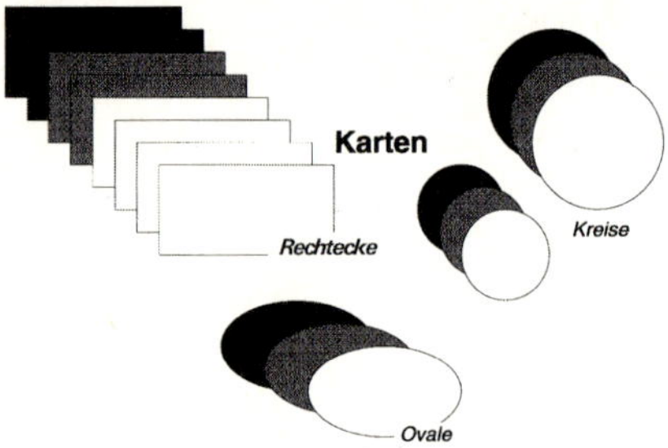

Pinnwand, Flipchart und Plakatwände eignen sich zur begleitenden Entwicklung von Inhalten sowie zur Präsentation vorbereiteter Darstellungen. Der Vorteil liegt darin, dass die bereits erarbeiteten Inhalte bzw. Ergebnisse zu jedem weiteren Arbeitstermin erneut sichtbar gemacht werden und weiter bearbeitet werden können.

Diese Vorteile können auch für den Overheadprojektor und die Arbeit mit Folien genannt werden. Der Nachteil an diesem Medium liegt darin, dass die Darstellungen nur für die Dauer der Projektion für alle sichtbar bleiben. Laute Nebengeräusche sorgen meist dafür, dass der Projektor häufig nur für kurze Dauer benutzt wird. Die Tafel ist zwar das unproblematischste Einsatzmittel für die Entwicklung und das Festhalten von Ergebnissen. Ein wesentlicher Nachteil liegt jedoch darin, dass aufgrund der begrenzten Fläche diese Ergebnisse nach einer Arbeitsphase sofort wieder fortgewischt werden. Auch sorgten ein Raumwechsel oder die Beendigung einer Sitzung dafür, dass die Ergebnisse nur für einen begrenzten Zeitraum an der Tafel stehen. Meist werden die Ergebnisse aber in das Arbeitsheft übertragen, sodass die Ergebnisse auf jeden Fall festgehalten wurden. Allerdings ist das Fortsetzen der Arbeit an der zuletzt gearbeiteten Stelle nicht so einfach. Will man in der folgenden Unterrichtsstunde nahtlos an den Inhalten der letzten Stunde anknüpfen, so ist häufig ein erheblicher Zeitaufwand für die Wiederherstellung des Tafelbildes erforderlich.

Visualisierungsmittel:

— Text

Text
⇨ auf Wesentliches beschränken
⇨ kurze, präzise Aussagen
⇨ einfache Formulierungen
⇨ auf gute Lesbarkeit achten
• angemessene Schriftgröße/-art
• Druckschrift
• Groß- und Kleinbuchstaben
⇨ deutlich gliedern
• Absätze bilden
• Überschriften verwenden
• Blatt übersichtlich aufteilen
⇨ zusätzliche Hervorhebungen
• unterstreichen
• farblich markieren
• rahmen

— **Schaubilder** [17]

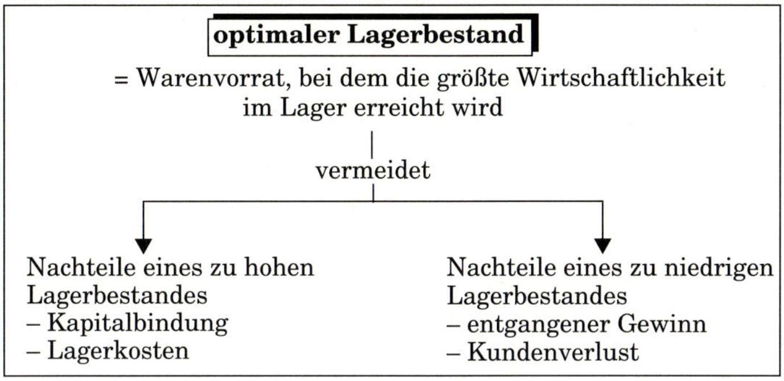

— **Diagramme**

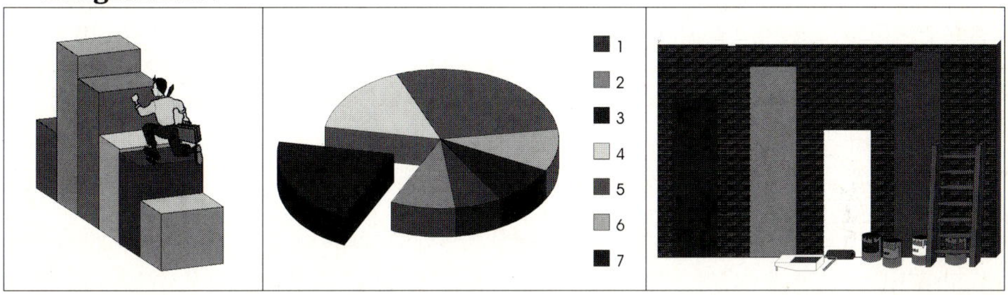

— **Symbole**

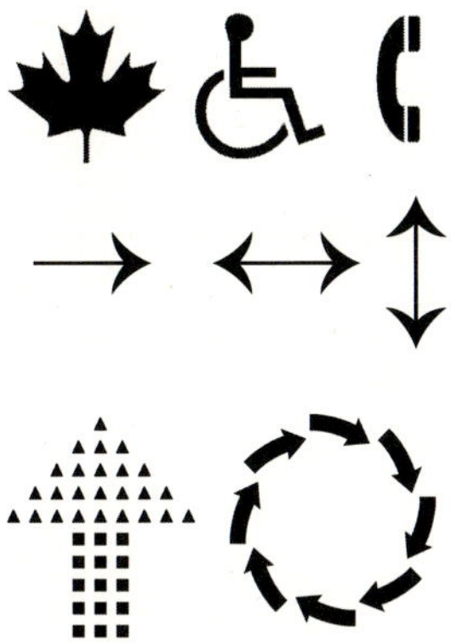

Visualisierungsregeln:

— Achten Sie bei der Gestaltung auf die Lesbarkeit (für alle Empfänger sichtbar).

— Schreiben Sie angemessen groß und für alle sichtbar.

— Schreiben oder zeichnen Sie nicht zu viel auf das gewählte Medium.

— Gliedern Sie übersichtlich.

— Setzen Sie verschiedene Farben ein.

— Nutzen Sie für die Visualisierung die verschiedenen Mittel.

— Nehmen Sie bei Texten nur Kernaussagen auf.

— Formulieren Sie verständlich und präzise.

[18] *Moderation*

Jeder kennt sie, die Moderatoren bei Diskussionsrunden in Rundfunk und Fernsehen oder bei Vorstellungen von privaten und öffentlichen Veranstaltungen. Damit diese Veranstaltungen nicht in einem völligen Chaos enden, werden Moderatoren eingesetzt. Sie sorgen für den reibungslosen Ablauf einer Veranstaltung, sind für die Organisation zuständig und steuern Diskussionen.

In der Schule und im Betrieb ist die Methode der Moderation ebenfalls von großer Bedeutung.

Dort wird sie häufig genutzt, wenn Diskussionen zu bestimmten Themen auf der Tagesordnung stehen. Der Moderator übernimmt hierbei die Funktion des Diskussionsleiters. Weiterhin wird die Moderation bei der Steuerung von Gruppenarbeitsprozessen für die Bearbeitung eines Arbeitsauftrages und der anschließenden Präsentation der Ergebnisse eingesetzt. In diesem Fall ist es Aufgabe des Moderators, die Gruppenarbeit sowie die anschließende Präsentation zu steuern.

Der Moderator

- strukturiert den Ablauf des Arbeitsprozesses
- berät die Gruppen, wenn es Fragen im Hinblick auf die Arbeitsweise gibt
- leitet die Diskussion
- hilft bei der Bewältigung von Spannungen und Konflikten
- sorgt für die laufende Dokumentation der Ergebnisse

Phasen einer Moderation

— Begrüßung und Eröffnung
— Vorstellen der Thematik
— Bearbeitung des Themas
— Planung von Maßnahmen
— (kontinuierliche) Präsentation der Ergebnisse

Methoden während der Moderation

— Brainstorming
— Netzwerkdarstellung
— Kartenabfrage
— Pro- und Kontra-Diskussion

Methoden dienen der Unterstützung der Moderation. Die hier genannten Methoden sind bereits an anderer Stelle in diesem Methodenheft beschrieben und können dort zur Vertiefung nachgelesen werden. Das Gleiche gilt für die Medien und die Hilfsmittel, die während einer Moderation für die Präsentation der Ergebnisse genutzt werden. Diese sind bereits im Kapitel Präsentation ausführlich beschrieben worden.

Medien für eine Moderation [18]
- — Pinnwand
- — Flipchart
- — Overheadprojektor
- — Tafel
- — Papier/Pappen/Karten

Hilfsmittel
- — Stifte
- — Pins
- — Scheren
- — Kreide
- — Folien
- — Kleber
- — Klebestreifen

Spielregeln für eine Moderation
- — den Sprecher ausreden lassen
- — es spricht immer nur einer
- — nur themenbezogene Beiträge zulassen
- — begrenzte Redezeit
- — keine Kritik an Personen

Aufgaben des Moderators
- — für Einsatz unterstützender Methoden sorgen
- — für Einsatz unterstützender Medien und Hilfsmittel sorgen
- — Pausen beim Sprechen machen
- — genaue Planung der Moderation
- — Protokoll anfertigen lassen
- — Sitzordnung entsprechend der Phasen so wählen, dass immer alle alles sehen können
- — Spielregeln im Vorfeld festlegen
- — Diskussionen verfolgen und einschreiten, wenn das Thema verlassen wird
- — Störer ansprechen
- — Abschließend eine Gesamtzusammenfassung erstellen

Durchführung der Moderation am Beispiel einer Pro- und Kontra-Diskussion (vgl. auch S. 54)

Als Beispiel kann an dieser Stelle die Moderation einer Pro- und Kontra-Diskussion mit vorheriger Sammlung der Argumente“ genannt werden. Die Moderation beginnt mit der kurzen Vorstellung der Thematik durch den Moderator. Anschließend werden die Ziele der Diskussion festgelegt. Die Gruppen (z. B. eine Gruppe Pro, eine Gruppe Kontra) erarbeiten sich die Pro- und Kontra-Argumente. Danach erfolgt die Diskussion. Nun beginnt die eigentliche Aufgabe des Moderators. Er muss dafür sorgen, dass die Diskussion „flüssig“ bleibt. Die einzelnen Gruppen tragen ihre Meinungen in das Plenum und gehen auf die Argumente der Gegner ein. Der Moderator sollte in diesem Zusammenhang dafür sorgen, dass die genannten Argumente für alle sichtbar z. B. nach Pro- und Kontra-Argumenten an einer Pinnwand gesammelt werden. Aufgabe des Moderators ist es, während des gesamten Arbeitsprozesses diesen zu steuern.

[19] *Diskutieren*

In sehr vielen Situationen des Lebens ist man gezwungen eigene Argumente zu formulieren und seinen Standpunkt zu vertreten. Dies geschieht häufig in Diskussionen, die zum selbstverständlichen Bestandteil der menschlichen Kommunikation geworden sind. In Diskussionen will man informieren und überzeugen.

In der Schule werden oft Diskussionen bewusst als Unterrichtsmethode angewandt, um die in einem Thema enthaltenen vielfältigen Aspekte zu erschließen und gegensätzliche Argumente deutlicher herauszuarbeiten.

1. Vorbemerkung

Machen Sie sich immer die Tatsache bewusst, dass Sie ein Mensch mit Lebens- und Arbeitserfahrung sind. Haben Sie weder Angst noch falsche Hochachtung vor sich überlegen gebenden Kontrahenten. Häufig wird vom Diskussionsgegner geblufft oder unfair gehandelt.

2. Vorbereitung auf die Diskussion

Bereiten Sie sich intensiv auf die Diskussion vor. Nur so können Sie in einer Diskussion erfolgreich bestehen.

— Stellen Sie einen Katalog Ihrer Argumente zusammen.
— Überlegen Sie sich mögliche Gegenargumente Ihrer Kontrahenten und versuchen Sie diese zu entkräften.
— Versuchen Sie in der Diskussion selbst die Schwerpunkte zu setzen (besonders dort, wo Sie sicher sind). Lassen Sie nicht Ihren Kontrahenten den Verlauf der Diskussion bestimmen.
— Beobachten Sie die Zielgruppe der Diskussion: Arbeiten Sie also mit Beispielen, Gegebenheiten und Begriffen, die in der Zielgruppe verstanden werden.

3. Regeln für eine erfolgreiche Diskussion

Diskutieren Sie sachbezogen. Für eine erfolgreiche Diskussion sollten Sie folgende Regeln beachten:

— Bilden Sie kurze Sätze (mit kurzen Wörtern).
— Benutzen Sie die Umgangssprache der Zielgruppe.
— Bringen Sie Vergleiche, sprechen Sie bildhaft.
— Meiden Sie Fremdwörter und Schlagworte Ihres Gegners.
— Systematisieren Sie (z. B. 1., 2., 3., ...).

— Vermeiden Sie (zur besseren Glaubwürdigkeit) alles- und besserwisserisch zu wirken. [19]
— Zeigen Sie Verbesserungen und/oder Alternativen auf (Sie demonstrieren, dass Sie den Konflikt lösen wollen).
— Bringen Sie Beweise statt Behauptungen.
— Halten Sie Blickkontakt mit der Zielgruppe, denn diese wollen Sie ja überzeugen.
— Achten Sie auf Ihre Redezeit.

4. Aufgaben des Diskussionsleiters

In der Diskussion achtet der Diskussionsleiter auf Folgendes:

— Der Diskussionsleiter kündigt Thema und Ziel der Diskussion an. Er hat die Diskussion immer wieder auf das Thema zurückzuführen.
— Der Diskussionsleiter hält selber keine langen Reden. Er fasst lediglich hin und wieder das Gesagte zusammen.
— Der Diskussionsleiter beachtet die Teilnehmer und sorgt dafür, dass jeder zu Wort kommt.
— Der Diskussionsleiter führt gegebenenfalls eine Rednerliste.

In einer schulischen Pro- und Kontra-Diskussion geht es um Unterrichtsinhalte, die spannungsgeladen und konfliktreich sind. Entscheiden Sie sich für eine Position und bereiten Sie sich wie oben beschrieben vor.

369255

[20] *Rollenspiel*

Vor schwierigen Verhandlungen, in Diskussionen oder in anderen Gesprächssituationen wird im Arbeitsleben, aber auch in der Politik die Methode des Rollenspiels angewandt. Der Grundgedanke dabei ist, dass durch die spielerische Ausgestaltung eines Problems häufig das Problem simulierend gelöst werden kann.

Beispiel 1:
Ein Vertreter hat seinen Besuch in Ihrem Einzelhandelbetrieb angekündigt. Dieser versucht natürlich mit vielen Argumenten und vielleicht auch mit Tricks Ihnen möglichst viele Artikel möglichst teuer zu verkaufen. Auf die Verhandlung können Sie sich gut mit einem Rollenspiel vorbereiten. In einer solchen spielerischen Situation können Sie lernen sich auf künftige Ereignisse optimal einzustellen. Sie haben gegenüber der Wirklichkeit den großen Vorteil, dass Fehler folgenlos bleiben. Im Gegenteil: Gerade aus den gemachten Fehlern sollen Sie lernen. Der Handelsvertreter wird Sie dann so leicht nicht mehr über den Tisch ziehen.

Beispiel 2:
In der Berufsschule werden Sie häufig mit Rollenspielen arbeiten. Dabei bilden Verkaufsgespräche einen Schwerpunkt. Sie sollen u. a. die • Bewältigung schwieriger Situationen im Verkauf, • die verschiedenen Fragetechniken, • das Erkennen der kundenbezogenen Kaufmotive lernen

Bei einem Rollenspiel sollen Sie – ausgehend von einem vorgegebenen Fall – sich in die Rolle

- entweder einer anderen
- oder der eigenen Person

hineinversetzen. Sie müssen dann das Verhalten dieser Person improvisierend gestalten.

Für die erfolgreiche Durchführung eines Rollenspiels sollten Sie folgende Phasen einhalten:

— **Aufstellen und Bekanntmachen der Spielregeln**

— **Problemstellung:**
Die spielerische Situation, in der neues Wissen und Fertigkeiten gewonnen werden soll, muss Ihnen vorgegeben werden (oder von Ihnen selbst definiert werden: in der Schule seltener, in der Praxis häufiger).

— **Verteilung der Rollen:** [20]

Es wird geklärt, wer welche Rollen übernimmt. Die Spieler erhalten – häufig auf *Rollenkarten* – eine Vorgabe des Ziels bzw. der Rollen. Nichtmitspieler übernehmen Beobachtungsaufgaben.

> **Ihre Rolle:**
>
> Sie sind Verkäufer in einem Spielwarengeschäft mit der Anbietform Bedienung: Zu Ihnen kommt eine Kundin, die ein Geschenk für ein Kind sucht.
>
> Die Kundin ist unentschlossen und erwartet eine Hilfestellung von Ihnen.
>
> Geben Sie der Kundin ein informative Beratung und Hilfestellung bei der Auswahl eines geeigneten Geschenks. Versuchen Sie dabei die möglichen Interessen des Kindes mit einzubeziehen.

Auf einer Rollenkarte ist die Rolle, die Sie übernehmen sollen, näher bestimmt.

— **Vorbereitung des Rollenspiels:**

Anhand des vorgegebenen Problems

- werden Ihnen als Spieler wichtige Sachinformationen vorgegeben
- und/oder müssen Sie diese auch selber besorgen.

— **Spielphase:**

Die geplante Szene wird von den Rollenspielern durchgeführt.

— **Reflektionsphase:**

Die Reflektionsphase ist mit *die* wichtigste Phase beim Rollenspiel. Die Konfliktsituation wird bewußt gemacht und analysiert.

Spieler und Beobachter werden nach Ihren Eindrücken befragt.

Folgende Fragen sollten bei der Nachbereitung eines Rollenspiels beachtet werden:

> - Inwieweit war das Rollenspiel wirklichkeitsnah?
> - Haben die einzelnen Spieler ihre Rollenvorgaben eingehalten?
> - Konnten Strategien und Zielsetzungen der Spieler erkannt werden?
> - Wurde der Konflikt, das Problem, der Sachverhalt – der Ausgangspunkt des Problems war – deutlich?
> - Welche Beziehungen bestanden zwischen den Spielern?
> - Gab es ein bestimmtes persönliches Verhalten oder ein Argument, das der Lösung des Konflikts diente bzw. zur Eskalation beitrug?
> - Lassen sich Konsequenzen für die Wirklichkeit ableiten?

Beachten Sie bitte, dass Sie sich nach dem Rollenspiel von der Rolle lösen. (Der Spielleiter – z. B. Ihr Lehrer – sollte Sie evtl. dabei unterstützen.)

[21] *Arbeitszeit organisieren*

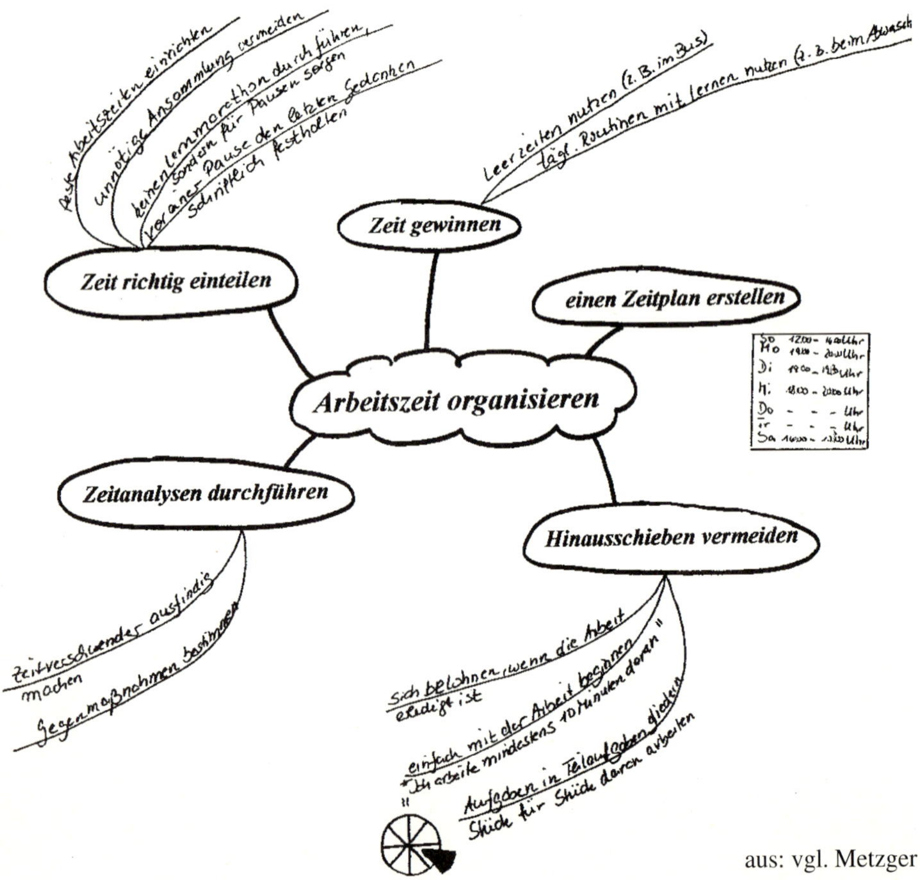

aus: vgl. Metzger

Sich motivieren [22]

Meine Motivation ist gleich null!

Wer kennt das nicht? Man soll eine bestimmte Arbeit erledigen, für eine Prüfung lernen, Hausaufgaben machen oder irgend etwas anderes tun, zu dem man eigentlich überhaupt keine Lust hat. Die Motivation für die bestimmte Tätigkeit ist also gleich null. Früher oder später muss diese Arbeit aber dennoch erledigt werden, und so passiert es häufig, dass man zu spät beginnt sich mit der Sache auseinander zu setzen. Dann bleibt meist nur noch wenig Zeit, um die Arbeit in Ruhe zu erledigen. Schließlich artet die ganze Sache in Stress aus und man hat das Gefühl, die Aufgabe wächst einem über den Kopf. Gern lässt man sich auch bei der Durchführung einer Aufgabe ablenken. Fernseher, Telefon und Freunde, aber auch das Fenster putzen oder das Aufräumen des Zimmers sind willkommene Ablenkungen bei Arbeit.

Wenn Sie dieses Phänomen kennen, es Ihnen auch jedes Mal so geht, wenn Sie etwas erledigen sollen, dann versuchen Sie sich doch dazu zu motivieren, die Aufgabe zu erledigen, ohne sich durch irgendetwas ablenken zu lassen. Das eigentliche Problem ist natürlich die Motivation. Wie kann man sich zu irgendetwas motivieren, wozu man eigentlich keine Lust verspürt. Einige Ratschläge können vielleicht Ihre Motivation verbessern.

Was kann ich dagegen tun?

Motivieren Sie sich!

Aber wie?

— Setzen Sie sich kurzfristige, überschaubare und erreichbare Ziele.
  Ich will bis zu dem Zeitpunkt diese Aufgabe erledigt haben.
  Ich lerne jeden Tag eine halbe Stunde für die Prüfung.
  Mein Ziel ist es, die Prüfung gut zu bestehen.

— Gehen Sie bei der Verfolgung der Ziele schrittweise vor.

— Bauen Sie eine unangenehme Aufgabe zwischen zwei angenehme Aufgaben.

— Belohnen Sie sich selbst, wenn Sie die Aufgabe beendet haben.

— Wenden Sie das Gelernte an, wo immer es möglich ist.

— Suchen Sie die Beziehung zwischen dem, was Sie neu lernen müssen und dem, was Sie schon kennen.

— Fangen Sie einfach mit einer Aufgabe an und sagen Sie sich, dass Sie sich zehn Minuten damit befassen wollen. Wenn Sie erst einmal angefangen haben, dann ist die Fortsetzung der Aufgabe meist kein Problem mehr.

— Denken Sie positiv.
  Sagen Sie nicht: *„Das schaffe ich nie."*
  Sagen Sie sich: *„Das schaffe ich."*

— Wenn Sie mit einer positiven Einstellung an die Arbeit gehen, kommt die Motivation von ganz alleine.
  Ich fange jetzt einfach mit der Aufgabe an.
  Es macht mir Spaß diese Aufgabe zu lösen.
  Wenn ich die Aufgabe erledigt habe, dann habe ich ein gutes Gefühl.
  Wenn ich fertig bin mit der Aufgabe, kann ich machen, wozu ich Lust habe.

369259

[23] *Sich konzentrieren*

„Ich kann mich nicht konzentrieren!“

Diesen Spruch hört man immer wieder und jeder hat dies schon x-mal selbst ausgesprochen. Konzentration ist aber wichtig, um im Unterricht mitzukommen, um lernen zu können, um eine Arbeit auszuführen, um die Hausaufgaben zu machen oder eine Prüfung zu bewältigen. Was kann man also tun, um die eigene Konzentration zu verbessern?

Bauen Sie Störquellen ab

Keiner kann sich ganz konzentrieren, wenn er sich gestört fühlt. Störungen treten im Unterricht auf, z. B. durch das Quatschen des Nachbarn oder durch allgemeine Unruhe in der Klasse. Aber auch Schlafmangel oder private Sorgen können die Konzentration erheblich verringern. Die häusliche Arbeit wird oft durch das Klingeln des Telefons oder das Laufen des Radios oder des Fernsehers gestört.

Aber auch von irgendwelchen anderen Tätigkeiten lässt man sich doch gerne von der eigentlichen Arbeit ablenken. Diese Störquellen sind zu vermeiden, wenn es darum geht, sich konzentriert mit einer Aufgabe beschäftigen zu müssen.

— Fühlen Sie sich im Unterricht gestört, bitten Sie Ihre Nachbarn in der Klasse um Ruhe. Verlagern auch Sie selbst die Gespräche mit Ihren Klassenkameraden auf die Pause.

— Wissenschaftliche Untersuchungen haben gezeigt, dass Musik beim Lernen über die Fülle der auf Sie einströmenden Reize Gedächtnis und Konzentration blockiert. Negative Auswirkungen ergeben sich, wenn gesprochene Beiträge die Musik unterbrechen. Inwieweit Sie Musik bei der häuslichen Arbeit stört, müssen Sie selbst bestimmen. Manchmal kann „ruhige“ Musik beim Arbeiten auch ganz nützlich sein.

— Können Sie andere akustische Störeinflüsse – wie z. B. Baulärm oder Straßenlärm – nicht abstellen, versuchen Sie Ihr Lernprogramm lieber auf einen anderen Termin (vielleicht auf den frühen Abend) zu verschieben. Ansonsten besteht die Gefahr, dass Sie aufgrund von Gedächtnisblockaden wenig von dem gelernten Stoff behalten.

— Eine störende Auswirkung auf das Lernen bzw. die Konzentration können auch schlechte Lichtverhältnisse haben. Sorgen Sie dafür, dass das Licht von links oder von vorn einfällt. Bei künstlicher Beleuchtung sind 60 Watt nach ergonomischen Untersuchungen am günstigsten.

Richten Sie Ihren Arbeitsplatz ein [23]

Zum konzentrierten Arbeiten ist ein fest eingerichteter Arbeitsplatz von großem Vorteil. Dies ist meist nur zu Hause möglich, nicht am Arbeitsplatz in der Schule. Am häuslichen Arbeitsplatz sollten alle Bücher und Hilfsmittel in Reichweite stehen, damit die Suche nach einem Buch oder Lineal nicht zum Kühlschrank führt und schließlich am Fernseher endet.

Checkliste zur Überprüfung der Arbeitsmittel

Sind die folgenden Arbeitsmittel vorhanden und in Ordnung?

( ) Schreibgeräte (z. B. Stifte, Füller)
( ) Korrekturmittel (z. B. Tipp-Ex, Radierer ...)
( ) Zeichengeräte (z. B. Lineal, Geodreieck, Farbstifte ...)
( ) Rechenmittel (z. B. Taschenrechner)
( ) Papier (z. B. Notizpapier, Ringbucheinlagen ....)
( ) Ordnungsmittel (z. B. Ordner, Ringbuch, Hefter ...)
( ) Planungsmittel (z. B. Kalender)
( ) Sonstige Hilfsmittel (z. B. Schere, Kleber, Locher ...)

Handeln Sie bewusst

Für die Steigerung der Konzentration ist die aktive Mitarbeit im Unterricht unerlässlich. Je mehr Sie vom Unterricht mitbekommen, desto mehr können Sie sich selbst beteiligen. Arbeiten Sie aktiv im Unterricht mit und bringen Sie nützliche Beiträge. Halten Sie auch Blickkontakt zum Lehrer. Sie nehmen somit aktiver teil an der Kommunikation, die im Unterricht stattfindet. Dies steigert schließlich Ihre eigene Motivation und Ihren Spaß am Unterricht. Machen Sie sich zudem Notizen über die Inhalte, die im Unterricht behandelt werden. Hierdurch hören Sie aktiver zu und konzentrieren sich bewusst auf das, was gesagt wird.

Wenn Sie sich im häuslichen Bereich bei der Bewältigung verschiedener Aufgaben konzentrieren müssen, dann erledigen Sie eine Aufgabe nach der anderen. Hüpfen Sie nicht von einer Aufgabe zur nächsten, sondern bearbeiten Sie eine Aufgabe vollständig, bevor sie diese abschließen. So können Sie sich intensiv einer Aufgabe widmen und müssen sich nicht ständig in etwas anderes hineindenken.

[23] Motivieren Sie sich

Für die Steigerung der Konzentration bedarf es einer gehörigen Portion Motivation. Sie müssen sich immer wieder selber sagen: *„Ich werde mich jetzt auf die Sache konzentrieren. Ich werde mich von nichts und niemandem stören lassen. Vor allem habe ich Lust auf die Sache.“* (⇨ Sich motivieren [22])

Nutzen Sie den richtigen Zeitpunkt

Jeder Mensch hat Zeiten, in denen er besonders gut arbeiten kann und Zeiten, die nicht für ihn persönlich zum Arbeiten geeignet sind. Damit Sie überwiegend die Phasen nutzen, in denen Sie sich am besten konzentrieren können, sollten Sie einmal für sich eine Konzentrationsanalyse durchführen. Die Konzentrationsanalyse hält Ihre Tageszeiten fest, in denen Sie sich gut konzentrieren können, aber auch die für die intensive Konzentration weniger geeigneten Phasen. Notieren Sie über einen Zeitraum die besten Phasen Ihrer Konzentration innerhalb eines Tages sowie Phasen, in denen Sie einen Tiefpunkt verspüren. Vergleichen Sie daraufhin die Zeiten. Nutzen Sie langfristig die geeigneten Phasen zum Lernen und Arbeiten. Weniger geeignete Phasen zum Lernen sollten Sie mit Ihrem Hobby oder sonstigen „schönen Dingen“ ausfüllen.

Machen Sie ausreichend Pausen – bauen Sie Stress ab

Regelmäßige Pausen sind Voraussetzung zur Erhaltung der Konzentrationsleistung. Diese Pausen sollten Sie nutzen, um sich zu entspannen. Führen Sie einfache Entspannungsübungen durch. Diese helfen Ihnen auch, um Stress abzubauen. Haben Sie Interesse an näheren Informationen über Entspannungstechniken und Mittel zum Stressabbau? Dann besorgen Sie sich vertiefende Literatur zu diesem Thema. Einen Hinweis auf weiterführende Literatur finden Sie im Literaturverzeichnis.

ARBEITSPLATZ ZUM STRESSABBAU

Ein Überblick [23]

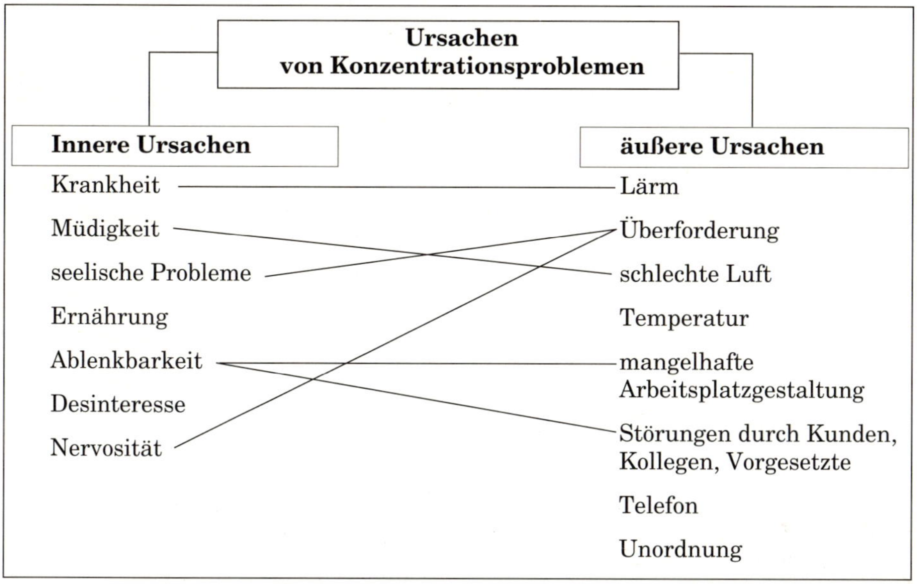

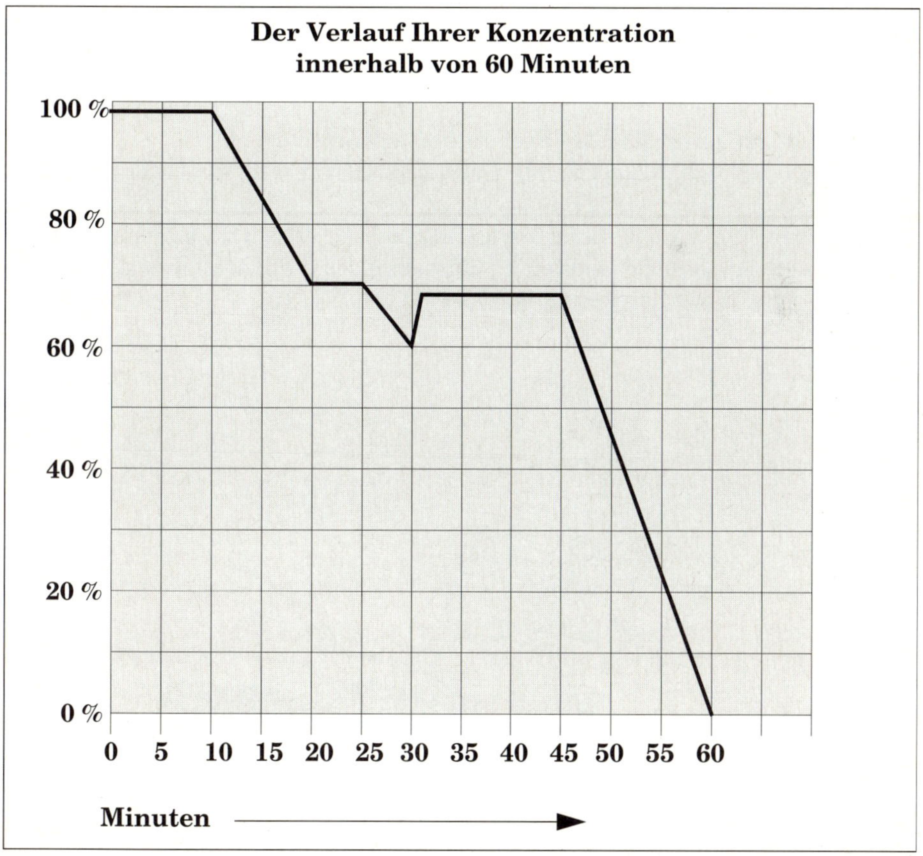

[24] *Selbstständiges Lernen*

Regelmäßig und aus innerem Antrieb zu lernen fällt nicht immer leicht. Das Lernen kann Ihnen leider keiner abnehmen: Sie müssen es immer selbst. Wenn man nur unter äußerem Zwang (Druck des Arbeitgebers oder der Eltern) lernt, fühlt man sich nicht besonders wohl. Eine solche schlechte Lernstimmung beeinträchtigt das Konzentrieren, Merken und Denken. Unter Umständen kann dies zu einer totalen Lernhemmung führen.

Sie sollten deshalb versuchen, die bisherige Fremdsteuerung beim Lernen abzubauen und einen inneren Lernantrieb aufzubauen. Durch selbstständiges Lernen sorgen Sie für ein erfolgreiches Lernen.

— **Beobachten Sie Ihr Lernverhalten genau.**
  Wenn Sie dieses konsequent machen, gewinnen Sie bereits ein wichtiges Maß an Selbststeuerung. Ihr Antrieb eigenständig zu lernen nimmt zu.
  Werten Sie am Ende einer Woche aus, wie viel Zeit Sie für einzelne Themen bzw. Lerngebiete aufgewendet haben. Sie können dann feststellen, welche Bereiche zu kurz gekommen sind. Versuchen Sie als Konsequenz daraus, diesen in der nächsten Woche mehr Zeit zu widmen.

— **Nehmen Sie eine Selbstbewertung Ihrer Lerntätigkeit vor.**
  Machen Sie sich klar, inwieweit Sie Ihre Lerntätigkeiten als nutzvoll bzw. erfolgreich empfunden haben.
  Durch eine solche Selbstbewertung bemühen Sie sich nicht nur überhaupt etwas zu tun, sondern Sie achten auch darauf, wie gut Sie es tun.

— **Nehmen Sie eine gezielte Selbstverstärkung vor.**
  Belohnen Sie sich, wenn Sie mit dem Lernen fertig sind, mit einer besonders angenehmen Freizeittätigkeit.
  Sie lernen, um anschließend etwas Angenehmeres tun zu können. Aus der Verhaltenspsychologie weiß man, dass dadurch die Lernmotivation erheblich verbessert werden kann.

Lernen mit mehreren Lernwegen [25]

Ein wichtiges Erfolgsrezept bei der Vorbereitung auf Prüfungen ist das Lernen mit möglichst vielen Lernwegen.

Für die selbstständige Informationsverarbeitung nutzt der Mensch die Wahrnehmungsmöglichkeiten.

— das Lesen
— das Hören
— das Sehen
— das Fühlen

Lernstoff kann über verschiedene Sinnesorgane aufgenommen werden. Die verschiedenen Sinnesnerven (Augen, Ohren, Geruchssinn usw.) leiten die Sinnesreize zum Gehirn, wo sie ins Gedächtnis gelangen. Die Strecke vom jeweiligen Sinnesorgan zum Gedächtnis nennt man Lernweg.

Wissenschaftliche Untersuchungen haben gezeigt, dass bei den meisten Menschen alle Lernwege halbwegs gleichmäßig ausgeprägt sind. Benutzen Sie deshalb beim Lernen möglichst viele Lernwege.

Bevorzugen Sie zwar den Lernweg,

— der Ihnen am besten liegt,
— auf dem Sie am meisten verstehen,
— auf dem Sie am meisten behalten.

Lassen Sie aber keinen der drei Hauptlernwege (Sehen, Hören, Handeln) aus. Je mehr Lernwege nämlich benutzt werden, desto mehr Wahrnehmungsfelder werden im Gehirn angesprochen und in den Gedächtnisprozess einbezogen.

Der Gebrauch mehrerer Lernwege ist umso notwendiger, weil beispielsweise der Lernweg Hören im Unterricht überbetont wird. Dieser Lernweg ist einerseits sehr bequem, weil Sie ziemlich passiv bleiben können. Andererseits sind aber die Hörinformationen nicht anschaulich genug und werden sehr rasch vergessen.

Unbedingt hinzukommen muss das Mitnotieren (⇨ Notizen und Mitschriften machen [4]). Dadurch werden sowohl optische als auch motorische Wahrnehmungsfelder am Lernprozess beteiligt. Bringen sie sich durch Diskussionsbeiträge und Fragen ein, erweitert sich das Netzwerk des Gelernten. Wiederholen und vertiefen Sie den Lernstoff durch Anfertigung von Textauszügen (⇨Exzerpieren [3]) und Textstrukturen oder durch das Lösen von Übungsaufgaben, wird er so gut verankert und vernetzt, dass die nächste Prüfung zu einem guten Teil vorbereitet ist.

[25] Untersuchungen haben gezeigt, dass Lernprozesse dann am effektivsten sind, wenn das vermittelte Wissen selbst angewendet werden kann. Sie sollten sich Informationen also nicht nur anhören oder ansehen, sondern sich durch eigene Anwendung optimal aneignen.

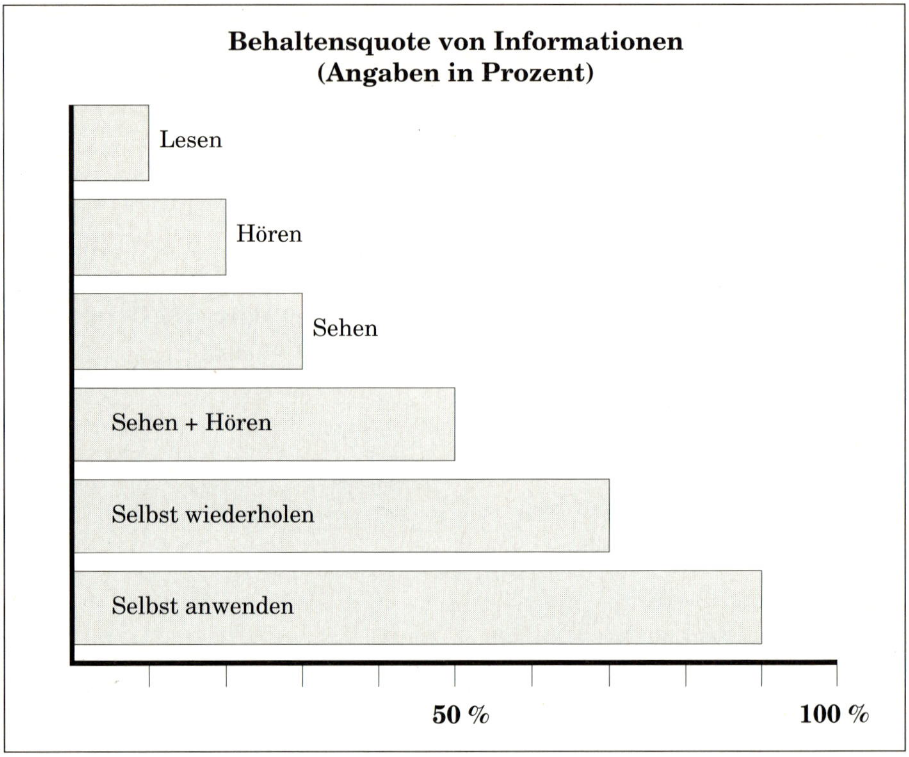

Sinnvolle Wiederholungen [26]

Kaum ein Lernstoff wird auf einmal und für immer griffbereit im Gedächtnis gespeichert. Ein Großteil der aufgenommenen Informationen ist nach der ersten Aneignung nicht mehr zugänglich: Da wir ständig neue Informationen aufnehmen, werden die alten nach und nach überlagert. Am meisten geht der Lernstoff, den man zunächst beherrscht, am Anfang verloren.

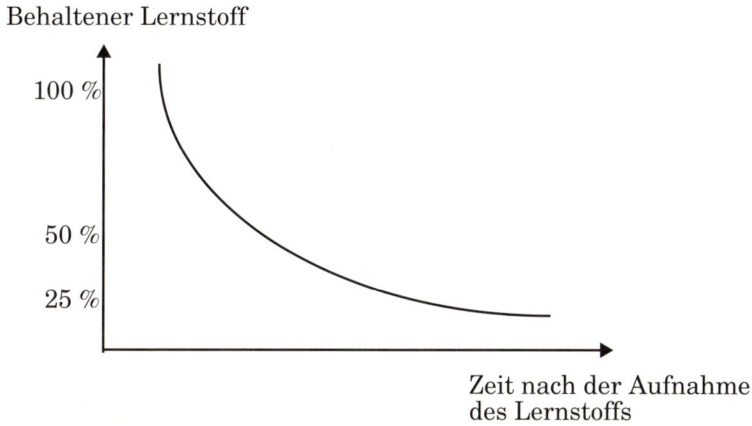

Gegen das Vergessen können Sie nur eins tun: Wiederholen.

Weil Sie unmittelbar nach dem Lernen am meisten vergessen, sollten Sie möglichst früh mit der Wiederholung anfangen. Spätere Wiederholungen können in größeren Zeitabständen stattfinden. Das Ziel dabei ist, den Lernstoff vom Kurzzeitgedächtnis ins Langzeitgedächtnis zu übertragen

Ein sinnvoller Wiederholungsplan sieht folgendermaßen aus:

1. Wiederholung: ein paar Stunden später
2. Wiederholung: einen Tag später
3. Wiederholung: eine Woche später
4. Wiederholung: einen Monat später
5. Wiederholung: ein halbes Jahr später

Dabei wird die für das Wiederholen benötigte Zeit im Verlauf der Wiederholung immer kleiner.

[27] *Lernpausen*

Beim Lernen sollten Sie eines nie vergessen: das regelmäßige Einlegen von Pausen. Denn Lernprobleme können auch durch zu langes Lernen entstehen.

Volle geistige Konzentrationsfähigkeit ist nur von begrenzter Dauer. Schon nach 20 bis 30 Minuten können sich die ersten Aufmerksamkeitsverluste bemerkbar machen. Wenn Sie also ununterbrochen lernen, geraten Sie in einen Stresszustand. Anzeichen dafür sind Unkonzentriertheit, Müdigkeit, Mattigkeit, Kopfschmerzen usw.

Einem Konzentrationsabfall können Sie am besten durch Lernpausen entgegenwirken. Sie sollten dabei folgende Regeln beachten:

— Sorgen Sie dafür, dass rund ein Fünftel der Lernzeit aus Pausen besteht (eine Faustregel der Lerntechnik).

— Warten Sie mit dem Pausemachen nicht zu lange.
Je stärker Sie ermüdet sind, desto geringer ist die Chance das Anspannungs-Entspannungs-Gleichgewicht wiederherzustellen.

— Legen Sie lieber mehrere kurze Pausen ein als eine lange.

— Achten Sie darauf, dass Sie sich in den Pausen wirklich entspannen.

— Machen Sie sich am Anfang jeder Pause klar, dass Sie einen Teil Ihrer Aufgaben hinter sich gebracht haben. Dieses kleine Erfolgserlebnis hilft Ihnen sowohl bei der Entspannung als auch beim erneuten Lerneinstieg nach der Pause.

— Machen Sie sich die so genannte *Pausen-Erwartungs-Wirkung* durch systematisches Einlegen von Pausen zunutze. Man weiß aus arbeitspsychologischen Studien, dass die Erwartung bzw. das Wissen, bald in den Genuss einer Pause zu kommen, die konzentrativen Energien mobilisiert.
Es tritt also eine kurzfristige Leistungssteigerung ein, wenn Sie wissen, dass bald die verdiente Erholung kommt.

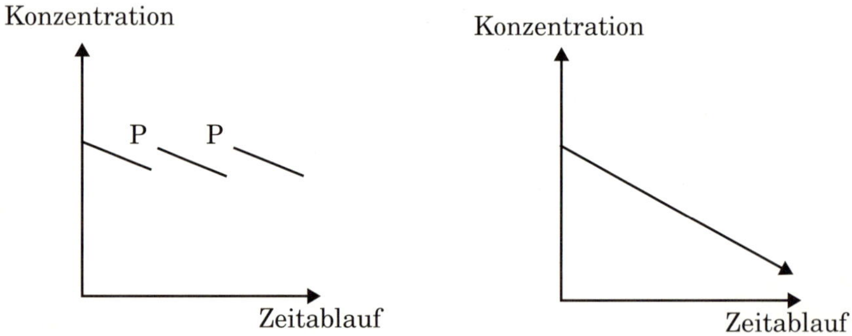

Pausen einzulegen ist besser als ohne Pause zu arbeiten

369268

Vermeidung von Lernproblemen [28]

Lernprobleme werden häufig durch die verschiedenen Arten der Lernblockaden verursacht:

— *Vorwärts-* und *Rückwärtsblockaden* entstehen durch pausenloses Lernen:

Das Gedächtnis wird mit den vielen neu hinzukommnenden Informationen nicht fertig und ist überfordert. Die zuerst gelernten Informationen behindern die folgenden Lerninhalte beim Aufnehmen. Dies ist eine Vorwärtsblockade.

Eine Rückwärtsblockade liegt vor, wenn die letzten gelernten Informationen das Merken des zuerst aufgenommenen Lernstoffs hemmen.

Nehmen Sie also die Informationen schrittweise in kleinen Portionen auf. Legen Sie zwischendurch Pausen (⇨ Lernpausen [27]) ein.

— Vermeiden Sie auch *Ähnlichkeitsblockaden.*

Diese entstehen beim Hintereinanderlernen ähnlicher Inhalte, wodurch die verschiedenen Informationen durcheinander geraten. Es besteht dann die Gefahr, dass Sie bei der Wiedergabe einiges verwechseln.

Achten Sie darauf, dass sich beim Lernen verschiedene Stoffgebiete abwechseln.

— Bei einer *Erinnerungsblockade* wird der Abruf alter Lerninhalte dadurch verhindert, dass Sie kurz vor einer Prüfungssituation nochmals neuen Lernstoff aufnehmen.

Sie sind dadurch im Prinzip „übertrainiert".

Nachdem Sie sich auf eine Prüfungssituation gründlich vorbereitet haben, sollten Sie vor der Prüfung rechtzeitig aufhören.

— Eine *Gleichzeitigkeitsblockade* kann auftreten, wenn man mehreren Tätigkeiten gleichzeitig nachgeht.

Sie lernen beispielsweise und hören parallel dazu Rockmusik. Dies beeinträchtigt die Aufnahmefähigkeit des Gedächtnisses.

Konzentrieren Sie sich beim Lernen auf die Aufnahme des Lernstoffes. Vermeiden Sie dabei noch andere, ablenkende Dinge zu tun, die Sie von der eigentlichen Arbeit ablenken.

369269

[29] *Vorbereitung, Durchführung und Nachbereitung von Prüfungen*

Immer wieder steht sie vor der Tür – die Prüfung –, ob nun die Führerscheinprüfung, die Prüfung zum Ende der Ausbildung, die Abiturprüfung, die Prüfung nach einer Weiterbildung oder eine andere Prüfung. Im Leben wird man häufiger vor einer Prüfung stehen. Wer kennt sie dabei nicht, die Angst vor der Prüfung. Das muss nicht sein, wenn man sich gezielt auf eine Prüfung vorbereitet, sich während der Prüfung richtig verhält und die Prüfung nachbearbeitet, um für spätere Prüfungen wieder gewappnet zu sein. Einige Tipps sollen helfen sich gezielt mit der Prüfung auseinander zu setzen.

Bereiten Sie die Prüfungen vor

— Gruppenarbeit oder Einzelarbeit?

Bereiten Sie sich lieber alleine oder mit anderen vor? Machen Sie dies u. a. davon abhängig, ob der Stoff noch ausgearbeitet werden muss, oder aber ob Sie Ihr Wissen noch einmal kontrollieren möchten, z. B. in einer Gruppe Fragen diskutieren.

— „Portionen“ beim Lernen bilden

Lernen Sie „mäßig aber regelmäßig“. In kleinen Abschnitten – über einen größeren Zeitraum verteilt zu lernen – ist besser, als einen Lernmarathon zu starten. Nutzen Sie Ihre besten Phasen der Konzentration (⇨ sich konzentrieren [23]). Lernen mit Pausen ist effektiver, als ohne Pausen das Wissen in sich reinzupauken. Irgendwann nehmen Sie nämlich nichts mehr auf, und dann war das ganze Lernen zu dem Zeitpunkt vergeblich.

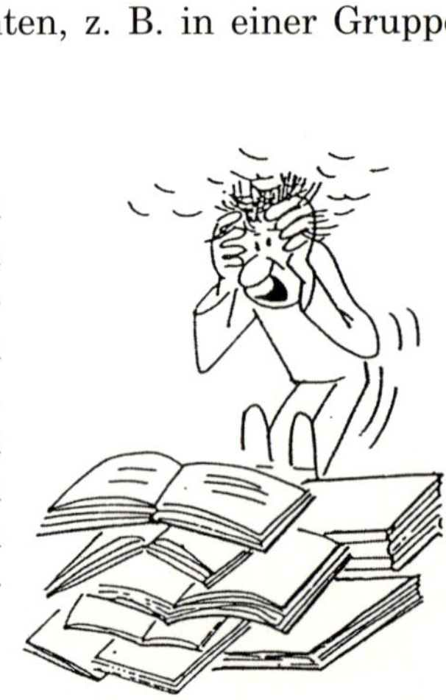

— **Lieber jeden Tag etwas, als kurz vor der Prüfung alles auf einmal lernen** [29]

Lernen Sie begleitend zum Unterricht. Arbeiten Sie regelmäßig Ihre Unterlagen auf und machen Sie genauso regelmäßig Hausaufgaben. Denn auch diese bilden einen Teil des Lernstoffs. Wenn Sie kurz vor einer Prüfung die prüfungsrelevanten Inhalte erst ausarbeiten, dann bleibt häufig keine Zeit mehr diese noch zu lernen. Erstellen Sie sich einen Zeitplan, bei dem Sie feste Vorgaben für Lernzeiten festlegen. Halten Sie sich dann aber auch daran.

— **Prüfungsrelevanter Stoff**

Finden Sie heraus, welcher Stoff für die Prüfung

⇨ neu erarbeitet,

⇨ nur noch wiederholt,

⇨ strukturiert,

⇨ geübt,

werden muss.

Handelt es sich um *neuen Stoff*, dann müssen aus diesem *das Wesentliche bestimmt werden* und anschließend die *relevanten Inhalte geordnet werden* (⇨ Inhalte reduzieren und das Wesentliche erkennen [8]; ⇨ Informationen ordnen und strukturieren [9]).

Handelt es sich um bereits ***bekannten Stoff***, dann sollte *dieser angereichert und geordnet werden*, bevor man sich mit *Wiederholen und Üben* beschäftigt. Die prüfungsrelevanten Inhalte können angereichert werden, indem man sich zunächst schon während des Unterrichts Notizen macht (⇨ Notizen und Mitschriften machen [4]) oder eigene Notizen während des Ausarbeitens erstellt und diese Notizen ständig ergänzt, indem Informationen auch aus anderen Quellen angereichert werden.

— **Prüfungsfragen lösen**

Meistens existieren Prüfungsfragen aus vorherigen Jahren bzw. von früheren Prüfungen. Diese sollten Sie sich besorgen. Lösen Sie die vorhandenen Prüfungsfragen ohne Hilfsmittel. Kontrollieren Sie später Ihre Lösung. Sollten keine Prüfungsfragen vorheriger Jahrgänge zur Verfügung stehen, dann entwickeln Sie neue Fragen. Überlegen Sie sich Fragen, die Ihnen z. B. der Lehrer stellen könnte und versuchen Sie diese selbstständig zu lösen. Bitten Sie wenn möglich Ihren Prüfer (z. B. der Lehrer) Ihre Lösungen zu kontrollieren. (⇨ Umgang mit programmierten Prüfungen [30])

[29] Verhalten während der Prüfung

— Allgemeines

⇨ Gehen Sie konzentriert in die Prüfung.

⇨ Sorgen Sie vor der Prüfung für ausreichend Schlaf.

⇨ Richten Sie im Prüfungsraum Ihren Arbeitsplatz ein.

— Überblick verschaffen

Verschaffen Sie sich nach dem Austeilen der Prüfungsunterlagen zunächst einen Überblick über die Aufgaben. Lesen Sie die Anweisungen gründlich durch und markieren Sie sich die Schlüsselwörter. Ordnen Sie dann Ihre Gedanken. Bevor Sie mit Schreiben beginnen, erstellen Sie sich eine grobe Struktur über das, was Sie schreiben wollen (z. B. eine Struktur in Form eines Mind-Maps).

— Vorgehen

Aufgabe lesen → über die Lösung nachdenken → Aufgabe lösen → Lösung kontrollieren

— Die Prüfung nachbereiten

Egal wie die Prüfung gelaufen ist, versuchen Sie zunächst einmal abzuschalten. Jetzt können Sie an Ihrem Ergebnis sowieso keinen Einfluss mehr nehmen. Reflektieren Sie nach einigem Abstand die Prüfung. Was ist gut gelaufen, was hätte besser sein können. Haben Sie das Richtige gelernt? War das relevante Wissen ausreichend vorhanden? Je nachdem wie Ihre Antworten auf diese Fragen ausfallen, überdenken Sie Ihre Vorbereitungsphase und reflektieren Sie Ihr Lernen, damit Sie für die nächste Prüfung entsprechend gewappnet sind.

Umgang mit programmierten Prüfungen [30]

In vielen Prüfungen werden programmierte Prüfungsaufgaben verwendet. Der Umgang mit solchen Aufgaben ist oft ungewohnt.

Beachten Sie nach Möglichkeit immer folgende Regeln:

1. Verschaffen Sie sich zunächst einen kurzen Überblick über den Test mit den programmierten Übungsaufgaben.
2. Beginnen Sie mit solchen Aufgaben, die Ihnen leicht erscheinen. Wenden Sie sich erst dann den schwierigeren Aufgaben zu.
3. Bevor Sie Ihre Lösungsziffer in die dafür vorgesehenen Lösungskästchen eintragen, sollten Sie den Aufgabentext sehr genau lesen und jede mögliche Alternative sehr genau durchdenken. Beachten Sie, dass für die richtige Lösung manchmal ein *einziges* Wort ausschlaggebend sein kann.
4. Nicht an Aufgaben festbeißen, die zunächst als unlösbar erscheinen. Dadurch verlieren Sie zu viel Zeit. Übergehen Sie zunächst solche Aufgaben. Sie können am Schluss, wenn noch Zeit bleibt, weiter bearbeitet werden.
5. Nicht in Panik geraten, wenn eine Lösung nicht sofort einfällt. Oft bedarf es etwas Zeit, bis die richtige Antwort ihren Weg vom Langzeitgedächtnis ins Bewusstsein gefunden hat.
6. Die Lösungstechnik ist abhängig von den Aufgabenformen. Daher sollten Sie die verschiedenen Aufgabentypen kennen:

Mehrfachwahlaufgaben

Bei einer Mehrfachwahlaufgabe werden Ihnen eine Anzahl falscher Lösungen zusammen mit einer richtigen angeboten. Sie müssen die Lösungsziffer der richtigen Antwort in das Lösungskästchen eintragen.

Beispiel:

Welche Aussage über Lagerkennzahlen ist richtig?

1. Die Höhe des durchschnittlichen Lagerbestandes hängt ausschließlich vom Umsatz ab.
2. Je länger die Lagerdauer, desto geringer ist das Lagerrisiko.
3. Die Lagerdauer ist für den Kaufmann gleichgültig, da ausschließlich der Umsatz zählt.
4. Je größer die Umschlagshäufigkeit, desto geringer ist der Kapitalbedarf für das Lager.
5. Je kürzer die Lagerdauer, desto größer ist das Lagerrisiko. [ ]

[30] **Zuordnungsaufgaben**

Bei einer Zuordnungsaufgabe sind eigentlich sachlich zusammengehörende Begriffe, Vorgänge oder Sachverhalte – in zwei Reihen getrennt – gegenübergestellt.

Ihre Aufgabe ist es, die zusammengehörenden Elemente zusammenzuführen.

Beispiel:

Ordnen Sie zu, indem Sie die eingerahmten Kennziffern von 3 der insgesamt 6 Begriffe aus der Lagerhaltung in die Kästchen bei den Erklärungen eintragen.

Begriffe aus der Lagerhaltung

1 Durchschnittlicher Lagerbestand
2 Umschlagshäufigkeit
3 Meldebestand
4 Eiserner Bestand
5 Lagerzinsen
6 Mindestbestand

Erklärungen

Wareneinsatz: durchschnittlicher Lagerbestand	[ ]
Kosten für das im Lager gebundene Kapital	[ ]
Menge, bei deren Erreichen neue Ware bestellt werden muss	[ ]

Offene Antwortaufgaben

Sie müssen die auszurechnende Größe in numerischer Form in das vorgegebene Lösungsfeld eintragen.

Beispiel:

Am Morgen des 1. Arbeitstages eines Monats liegen von einem Artikel noch 150 Stück auf Lager. Der Mindestbestand beträgt 46 Stück. Im Durchschnitt werden täglich 8 Stück abgesetzt.

Nach wie viel Arbeitstagen muss neue Ware bestellt werden, wenn die Lieferzeit 9 Tage beträgt? [ ] Tage

Reihenfolgeaufgaben

Bei Reihenfolgeaufgaben sind verschiedene betriebliche Vorgänge, die ungeordnet sind, vorgegeben.

Gesucht ist dann die sinnvollste – also sachlich und zeitlich richtige – Reihenfolge der Vorgänge. [30]

Um eine solche Aufgabe zu lösen, sollten Sie mit dem Vorgang beginnen, der naturgemäß am Anfang der Arbeitsfolge stehen muss. Die übrigen Vorgänge müssen sich dann zwangsläufig ergeben.

Beispiel:

Bringen Sie die folgenden Arbeitsvorgänge, die den Ablauf von der Bedarfsmeldung bis einschließlich Wareneingang aufzeigen in die richtige Reihenfolge, indem Sie die Ziffern 1 bis 7 eintragen.

Überprüfung des Wareneingangs auf Vollständigkeit	[ ]
Einholen von Angeboten	[ ]
Überwachung des Liefertermins	[ ]
Bedarfsmeldung vom Lager	[ ]
Bestellung nach Angebotsvergleich	[ ]
Feststellung der Bezugsquellen	[ ]
Wareneingangsmeldung	[ ]

Kontierungsaufgaben

Zu den vorgegebenen Geschäftsfällen oder Belegen müssen Sie den Buchungssatz bilden. Die Kennziffern für die anzurufenden Konten werden in die Lösungskästchen eingetragen.

Beispiel

Ein Paketdienst liefert eine Warensendung in der Warenannahme des Lagers ab. Die Rechnung liegt dem Paket bei.

Soll	Haben
❑	❑
❑	❑

1. Umsatzerlöse
2. Bank
3. Verbindlichkeiten
4. Aufwendungen für Ware
5. Umsatzsteuer
6. Vorsteuer

Lösungen:

- Mehrfachwahlaufgabe: 4
- Zuordnungsaufgabe: 2,5,3
- Offene Antwortaufgabe: 4 Tage
- Reihenfolgeaufgabe: 6, 3, 5, 1, 4, 2, 7
- Kontierungsaufgabe: 4 und 6 an 3

369275

[31] *Defnieren*

Häufig müssen Sie sich mit anderen Personen über die Bedeutung von Begriffen einigen, die sowohl von Ihnen als auch von anderen benutzt werden.

Wenn Sie einen Begriff oder Gegenstand bestimmen und dies in einem Satz formulieren, erhalten Sie eine Definition.

Definitionen

— sagen Wesentliches über einen Begriff aus;

— legen den Gebrauch eines Wortes oder eines sprachlichen Ausdrucks in einem Wissensgebiet fest;

— grenzen Begriffe von anderen ab.

Definiert man einen Gegenstand, muss man in zwei Denkschritten vorgehen:

1. Suchen Sie zunächst den Oberbegriff, der zu dem Begriff passt.
2. Geben Sie die wesentlichen Merkmale des zu definierenden Gegenstandes an.

Beispiel 1:
Es soll die offene Handelsgesellschaft (OHG) definiert werden.

1. Denkschritt (Suche des Oberbegriffs):
   Die OHG ist eine Unternehmensform,
2. Denkschritt (Bestimmung der wesentlichen Merkmale):
   in der die persönliche Haftung a l l e r Gesellschafter im Vordergrund steht.

Beispiel 2:
Es soll der Verkäufer definiert werden.

1. Denkschritt
   Der Verkäufer ist ein Beruf,
2. Denkschritt
   der im Einzelhandel Waren an Endverbraucher verkauft.

Verallgemeinern [32]

Wenn Sie verschiedene Begriffe lernen müssen, sollten Sie auch deren Gemeinsamkeiten suchen. Beim Denkverfahren des Verallgemeinerns wird aus einer Reihe von Gegenständen, Erscheinungen oder Vorgängen das Allgemeine gesucht. Verallgemeinern ist das gedankliche Hervorheben *gemeinsamer Merkmale* einer Klasse von Gegenständen, Erscheinungen oder Vorgängen.

Nehmen Sie beim Verallgemeinern folgende Denkschritte vor:

1. Ordnen Sie Gegenstände mit gemeinsamen Merkmalen einer Klasse zu.

> ***Beispiel:***
> * *OHG und KG gehören zu den Personengesellschaften.*
> Gemeinsames Merkmal: Mind. ein Gesellschafter haftet mit seinem Privatvermögen.
> * *Die GmbH und die AG gehören zu den Kapitalgesellschaften.*
> Gemeinsames Merkmal: Nur die Einlagen der Gesellschafter haften.

2. Suchen Sie ein weiteres gemeinsames Merkmal und bilden Sie eine Klasse höherer Ordnung:

> ***Beispiel:***
> *Personen- und Kapitalgesellschaften gehören zu den Rechtsformen, die ins Handelsregister eingetragen werden müssen.*

[33] *Brainstorming*

Am Beginn einer Arbeit oder wenn ein Problem zur Diskussion steht, für dessen Lösung noch nicht genügend „Handwerkszeug" (Vorkenntnisse, Grundlagen, Detailinformationen) zur Verfügung stehen, kann ein Verfahren angewendet werden, dass die Ideenproduktion in einer möglichst kreativen und angstfreien Atmosphäre gewährleisten soll: das Brainstorming („Gehirnsturm").

In der Arbeitsgruppe werden zu einem bestimmten Thema, einem Problem, einer Aufgabe in beliebiger Folge die spontanen Einfälle („Geistesblitze“) zusammengetragen. Dabei gelten folgende Regeln:

- Jeder kann sich mehrfach äußern und nennt spontan seine – auch noch so ausgefallenen – Ideen.
- Kommentare, Rückfragen, Kritik zu den Äußerungen sind nicht erlaubt. Furcht vor Kritik hemmt die Äußerung ungewöhnlicher Ideen.
- Angestrebt ist eine Kombination von Ideen und Weiterentwicklung von Ideen.
- Die Äußerungen werden protokolliert.

Nach Beendigung der „Sturmphase" können die produzierten Ideen geordnet und unter einer bestimmten Fragestellung zusammengefasst werden. Alle Beiträge der Teilnehmer sollten dabei nicht an Maßstäben wie „utopisch", „nicht machbar" usw. gemessen werden. Alle produzierten Ideen sollten zum weiteren Nachdenken anregen und Impulse für die Weiterarbeit sein.

Nun könnten die gesammelten Probleme nach internen und externen Problemen systematisiert werden.

Das Brainstorming könnte auch im weiteren Verlauf der Bearbeitung der Problematik eingesetzt werden, wenn der Chef von Ambiente nach Lösungen sucht, die zu einer Umsatzsteigerung des Unternehmens beitragen (z. B. Suche nach geeigneten Marketingstrategien zur Verbesserung der Gesamtsituation von Ambiente).

Brainstorming im Unterricht zu Beginn einer Unterrichtseinheit dient dem Lehrer zur Orientierung, wie weit Inhalte eines Themas bei den Schülern bekannt sind. Zu Beginn des Themas „Scheck“ könnte er die Schüler fragen, was ihnen spontan einfällt, wenn sie das Wort Scheck hören. Auch in diesem Fall werden die Ideen gesammelt und festgehalten. Der Lehrer kann nun das Vorwissen seiner Schüler in seine Unterrichtsvorbereitung einbeziehen.

Beispiel: [33]

Das Warenhaus Ambiente verzeichnet seit längerer Zeit Umsatzeinbußen. Der Chef des Warenhauses bittet zu einer Abteilungsleiterkonferenz, um in dieser Runde ein Brainstorming durchzuführen, bei dem er nach den Ursachen für den Umsatzrückgang fragt. Seine Abteilungsleiter tragen nun folgende Gründe an einer Pinnwand zusammen:

Ursachen für Umsatzrückgang

- Neue Zielgruppen, die bisher nicht ausreichend berücksichtigt wurden (Ältere Leute, Kinder, ...)
- Neue Trends die ebenfalls zu wenig berücksichtigt wurden (Trend zum Reisen, Auto, moderne Technologien, Erwerb von Eigentum)
- Erhöhte Abgaben: Steuern, Abgaben für Pflegeversicherung, Solidaritätszuschlag
- sinkendes Realeinkommen
- Einkommensreduzierung
- steigende Arbeitslosigkeit
- Inflationsrate
- fehlendes Urlaubs- bzw. Weihnachtsgeld
- Kauflust lässt nach wegen Unsicherheit über die zukünftige Lage
- Verdrängungswettbewerb
- Überangebot an Konkurrenzprodukten
- Überangebot an Produkten insgesamt
- Entstehung neuer Betriebsformen, wie Fachmärkte, die z. T. preisaggressiv handeln.
- Zu viele Penner-Artikel
- Mangelndes Dienstleistungsangebot im eigenen Haus
- Unfreundliches Verkaufspersonal

369279

[34] *Kopfstandmethode*

Erfahrungen zeigen, dass es bei der Lösung eines Problemes häufig einfacher ist, zu sagen, was man nicht tun sollte, statt gleich im ersten Schritt einen optimalen Lösungsvorschlag zu finden. Die Kopfstandmethode macht sich diese Tatsache zunutze. Sie können dieses Verfahren anwenden, um Denkblockaden aufzubrechen: Hindernisse, die einer Problemlösung bisher im Wege gestanden haben, werden erkannt, eine Betriebsblindheit kann vermieden werden.

Bei der Kopfstandmethode gewinnen Sie die Ideen mit Brainstorming. Zusätzlich verkehren Sie das Ausgangsproblem in das Gegenteil, „stellen es also auf den Kopf ".

Beispiel:
Ausgangsfrage (Ursprungsproblem):

„Welche Anforderungen werden an einen guten Verkäufer gestellt?“

Auf den Kopf gestellte Frage (gegensätzliches Problem):

„Wodurch zeichnet sich ein schlechter Verkäufer aus?“

Beschäftigt man sich mit solchen Ideen und Gedanken der gegensätzlichen Problemstellung, können eingefahrene Sichtweisen aufgelöst werden.

Vorgehensweise:

1. Formulieren Sie – nach Möglichkeit gemeinsam – das Problem.
2. Verkehren Sie die Problemstellung ins Gegenteil.
3. Führen Sie zur veränderten Problemstellung ein Brainstorming durch.
4. Suchen Sie zu jeder genannten Idee eine Gegenlösung, die sich auf die Ausgangsfragestellung bezieht.

   Beispiel:
   Aus: *„Als schlechter Verkäufer unterhalte ich mich mit meinem Kollegen weiter, wenn der Kunde das Geschäft betritt."*
   wird: *„Als guter Verkäufer empfange ich den Käufer freundlich."*

5. Die Gegenlösungen werden geordnet und untersucht, ob sie sich als Lösungsvorschläge eignen.

Mind-Map [35]

Das Mind-Mapping ist eine Arbeitstechnik Notizen und Gedanken, Gespräche und Ideen auf einfache Weise aufzuschreiben.

Eine Mind-Map (wortwörtlich übersetzt: Gedankenlandkarte) lässt sich in unterschiedlichen Situationen anwenden:

- Zur Zusammenfassung eines Vortrags, eines Artikels, eines Buches,
- zur Ergebnisdokumentation einer Gesprächsrunde: Arbeitsergebnisse können sichtbar gemacht werden,
- für die Planung, Durchführung und Kontrolle von Projekten,
- zur Vorbereitung auf Prüfungen und Tests,
- als Visualisierungstechnik für Besprechungen und Konferenzen,
- zur Kreativität und Ideenfindung: Einfälle und Ideen können festgehalten werden.

Für die Erstellung einer Mind-Map sollte man sich an die folgende Ablauffolge halten:

1. Schreiben Sie ein **Schlüsselwort** für das Thema in die Mitte eines Blattes.

   Statt des Themas kann auch ein Symbol dafür ins Zentrum des Papiers gezeichnet werden.

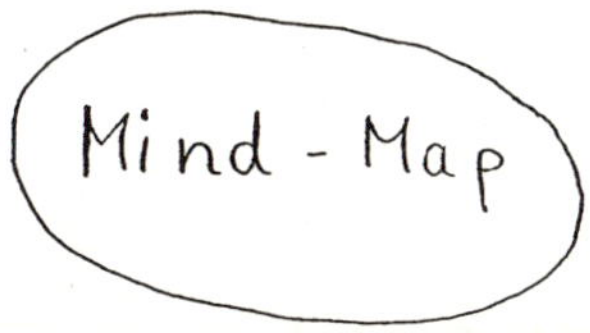

2. Zeichnen Sie – vom Zentrum ausgehend – **Linien** („Äste"), die in verschiedene Richtungen gehen.
   * Versuchen Sie die Linien so anzuordnen, dass Sie weitgehend waagrecht schreiben können.
   * Schreiben Sie auf jede Linie nur wenige Wörter in Druckschrift.
   * Verwenden Sie nur solche Begriffe, die eine Vielzahl von Fakten und Assoziationen zum Thema beinhalten.

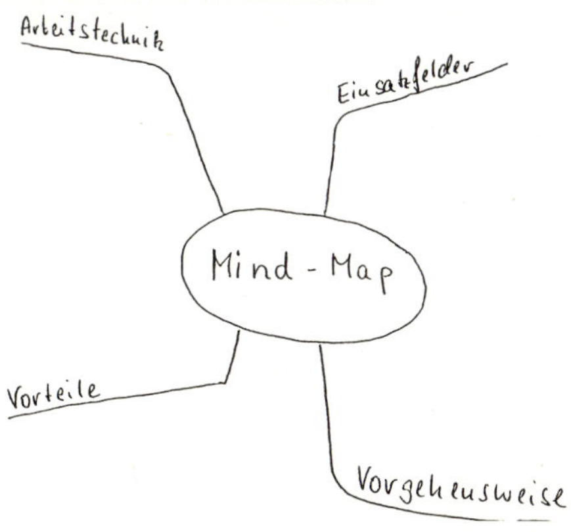

[35] 3. Um Unterbegriffe aufzunehmen, werden bestehenden Linien neue („dünnere **Nebenzweige**“) hinzugefügt.

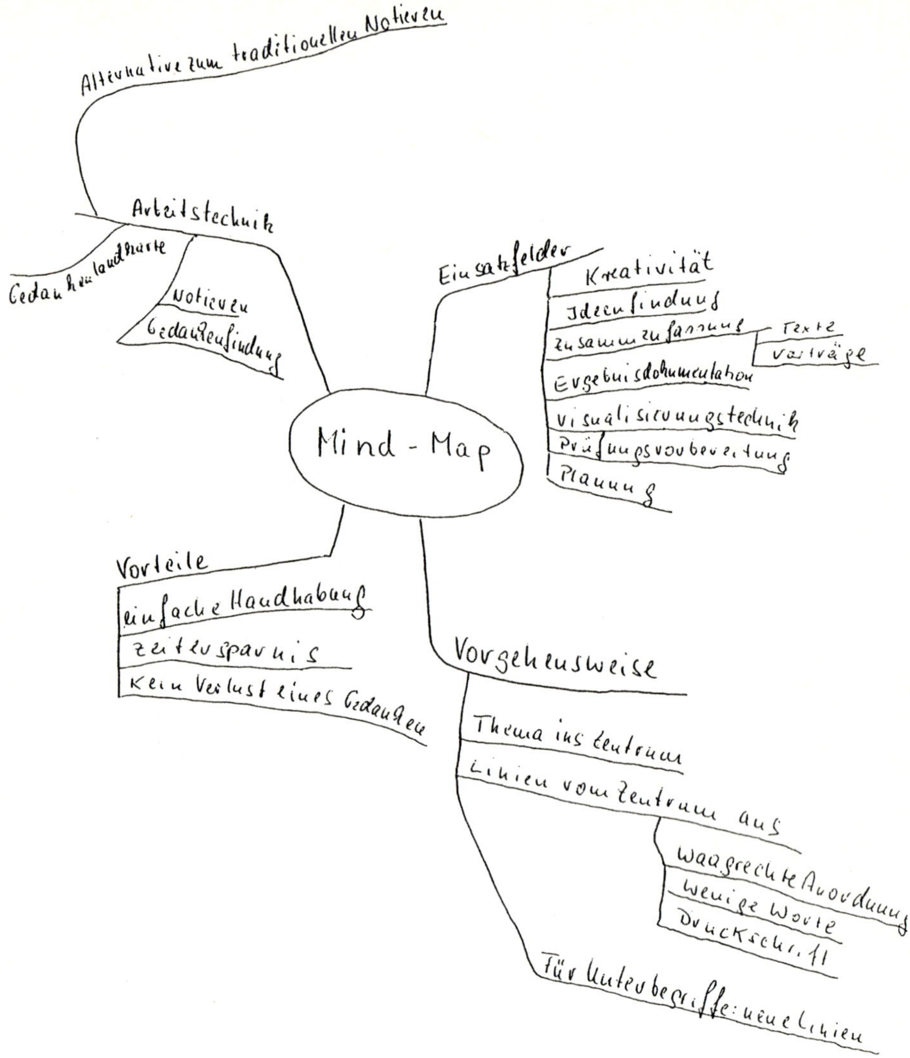

4. Zur Verbesserung des Arbeitsergebnisses können Sie evtl. Symbole, Pfeile, Zeichen und Farben verwenden. [35]

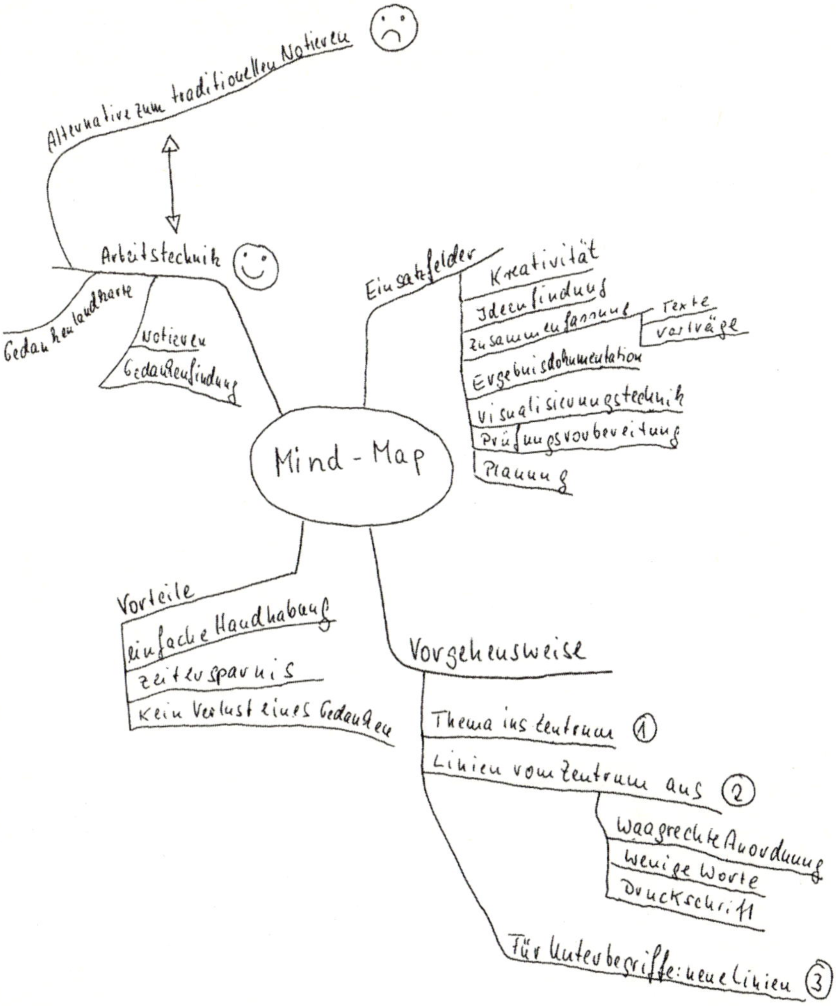

Der Hauptvorteil des Mind-Mapping liegt in der einfachen Handhabung. Es sind nur die eben aufgeführten Gestaltungsregeln anzuwenden. Mit dem Mind-Mapping wird das herkömmliche „schön geordnet und untereinander" Aufschreiben überwunden. Dadurch wird sehr viel Zeit gespart. Deshalb geht auch kaum ein Gedanke verloren: Man hat alles auf einen Blick und das einigermaßen übersichtlich.

Das Mind-Mapping versucht den Vorgängen in unserem Gehirn gerecht zu werden: Es können unterschiedliche Gedankenpfade verfolgt, verlassen und wieder erreicht werden. Und trotzdem bleibt der Überblick über das Ganze erhalten.

[36] *Kartenabfrage*

Die Methode der Kartenabfrage eignet sich besonders gut, um alle Beteiligten einer Gruppe in den Arbeitsprozess mit einzubeziehen und deren Meinungen, Fragen, Ideen sowie Lösungsansätze zu einem bestimmten Thema zu sammeln. Hilfreich ist diese Methode z. B. zu **Beginn einer Besprechung, einer Diskussion oder einer neuen Unterrichtseinheit in der Schule oder bei Weiterbildungen.** Wird ein neues Thema angesprochen, so kann mit der Kartenabfrage in Erfahrung gebracht werden, was die Teilnehmer bereits über dieses Thema wissen.

Durchführung einer Kartenabfrage

Der Moderator stellt seiner Gruppe eine Frage. Diese könnte sich auf ein zuvor dargestelltes Problem beziehen, für das es jetzt Lösungen zu finden gilt.

Problem:	*Nachlassende Bereitschaft von Konsumenten in einem bestimmten Geschäft einzukaufen. Es wird festgestellt, dass diese Entwicklung aus dem mangelhaften Dienstleistungsangebot des Unternehmens resultiert.*
Frage:	*Welche Dienstleistungen sollten in Zukunft in unserem Modellunternehmen angeboten werden?*

Die Gruppe soll jetzt Vorschläge sammeln, welche Dienstleistungen in das Programm aufgenommen werden könnten. Die einzelnen Vorschläge werden von jedem Gruppenmitglied auf einer Karte festgehalten, die zuvor vom Moderator an alle ausgeteilt wurden.

Bei der Beschriftung der Karten sollte Folgendes beachtet werden:

- mit dicken Stiften schreiben (Filzstifte, Eddings ...)
- groß und deutlich schreiben (für alle Teilnehmer zu erkennen)
- nur eine Idee bzw. ein Gedanke pro Karte

Die Zahl der Vorschläge ist unbegrenzt. Nach der Sammlung der Vorschläge werden diese gesammelt und an der vorbereiteten Pinnwand angeheftet. Die Gruppe verschafft sich zunächst einen Überblick über die Ergebnisse. Danach können die Karten nach einem bestimmten Vorgehen im Plenum systematisiert werden, wobei Mehrfachnennungen zuvor von der Pinnwand entnommen werden. Für die verbleibenden Ideen können Oberbegriffe gesucht werden, denen die Karten zugeordnet werden. Dieses Verfahren nennt man Clustern oder Klumpenbildung. Dadurch erfolgt eine weitere Systematisierung. Die systematisierten Vorschläge bieten anschließend Stoff für weitere Diskussionen.

In einem Brainstorming gesammelte Dienstleistungen [36]

Dienstleistungen	
Änderungsservice	Restaurant
Reparaturservice	Umtausch
Inspektions- und Wartungsarbeiten	telefonischer Bestellservice
Parkplätze	Aufbewahrungsraum für Gepäck
kostenlose Zustellung	Restaurant, Imbiss
Garantieleistungen	Geschenkverpackung

Systematisiert nach warenabhängigen und warenunabhängigen Dienstleistungen

Dienstleistungen	
Warenabhängig	**Warenunabhängig**
Reparaturservice	Parkplätze
Inspektions- und Wartungsarbeiten	telefonischer Bestellservice
Änderungsservice	Aufbewahrungsraum für Gepäck
Geschenkverpackung	Restaurant, Imbiss
Garantieleistungen	kostenlose Zustellung

Dieses Beispiel ist nur eines von vielen. Die Karten-Abfrage eignet sich im Unterricht, um in Erfahrung zu bringen, was die Schüler an Wissen über ein Lerngebiet in den Unterricht mitbringen. Nach der Sammlung der Wissensbestände kann der Lehrer seinen Unterricht gezielter aufbauen und das Vorwissen der Schüler mit einbeziehen.

[37] *Zukunftswerkstatt*

Bei der Zukunftswerkstatt handelt es sich um ein Forum, bei dem sich Personen (Schüler, eine Personengruppe eines Unternehmens, eine Bürgerinitiative usw.) treffen, die für bestimmte Probleme mögliche, unmögliche oder wünschenswerte Lösungen entwerfen und dabei diese Lösungen auf Realisierbarkeiten überprüfen.

Zukunftswerkstätten werden durchgeführt, um in Gruppen Probleme zu diskutieren und mögliche Lösungen zu finden. Sie eignen sich besonders für die Problematisierung sozialer bzw. gesellschaftlicher Themen. Wenn sich viele Personen gleichzeitig mit dem Problem befassen und Lösungen suchen, werden meistens mehr Lösungsvorschläge gefunden, als wenn nur eine oder zwei Personen das Problem bearbeiten. Außerdem ist die Zukunftswerkstatt eine gute Möglichkeit sich für kurze Zeit in einem Freiraum ohne Zwänge zu bewegen, und phantasievoll nach Problemlösungen und Alternativen zu suchen.

Im Folgenden werden die Phasen einer Zukunftswerkstatt beschrieben, die als Methode in der Schule eingesetzt werden kann.

Phasen der Zukunftswerkstatt

Vorbereitungsphase:

- Ankündigung des Themas: Gemeinsame Festlegung des Themas, wobei der Lehrer einen begründeten Vorschlag machen sollte.

  Darstellung der für die Zukunftswerkstatt gewählten Problematik mithilfe von Zeitungsartikeln, Berichten, Film oder anderen Hilfsmitteln und Aufzeigen der Relevanz und Bedeutung der Themenstellung.
- Praktische Vorbereitung: Raum vorbereiten (z. B. Klassenraum), Platz für Stuhlkreis sowie für Gruppenarbeitsphasen bereithalten.

  Material: Pappen, Stifte, Klebeband, Papier, Kreide ...

  Medien: Flipchart, Overheadprojektor, Tafel, Pinnwand

Kritik- und Beschwerdephase:

In dieser Phase sollen z. B. im Plenum alle möglichen Kritikpunkte gesammelt werden, die sich in Bezug zum gewählten Thema ergeben. Die Kritikpunkte werden gesammelt und in geeigneter Form visualisiert, z. B. mithilfe der Metaplan-Technik.

Phantasie- und Utopiephase:

In dieser Phase geht es darum, Lösungsvorschläge für das Problem zu finden. Hierfür sollen die Teilnehmer ihrer Phantasie und Kreativität freien Lauf lassen. Die Teilnehmer können alle Ideen vorerst ohne Berücksichtigung konkreter Realisierungsmöglichkeiten entwickeln, d. h., sie müssen in dieser Phase keine Rücksicht auf Gesetze, Vorschriften, ökonomische und soziale, gesellschaftliche oder politische Einschränkungen nehmen.

Mögliche Vorgehensweise: [37]

1. Die Klasse teilt sich in Kleingruppen. In den Kleingruppen sollen alle möglichen und unmöglichen Ideen gesammelt werden, die eine Lösung für das angesprochene Problem darstellen.
2. Jede einzelne Idee soll auf eine Pappe groß und leserlich geschrieben werden.
3. Ein Gruppensprecher aus jeder Gruppe wird nach der Gruppenarbeitsphase im Plenum die Ergebnisse an der vorbereiteten Wandtafel kurz darstellen und erläutern.
4. Die Ideen werden von der Gruppe anschließend mit Punkten bewertet.
5. Die besten Ideen werden danach in den Kleingruppen weiter konkretisiert.
6. Die konkretisierten Ideen werden schließlich dem Plenum vorgestellt.

Verwirklichungsphase:

— Prüfung der Vorschläge

1. Im Plenum werden schließlich die konkretisierten Vorschläge auf ihre Realisierbarkeit hin überprüft. An dieser Stelle werden ökonomische, ökologische, soziale oder politische Einschränkungen berücksichtigt. Die Ergebnisse der Überprüfung werden an entsprechender Stelle an der Wandtafel festgehalten.
2. Fragen hinsichtlich einer möglichen Realisierung, die nicht selbst beantwortet werden können, sollten vermerkt und durch einen Experten beantwortet werden.

— Strategieentwicklung

3. Im Plenum soll nun darüber diskutiert werden, wie mögliche Ideen zumindest ansatzweise verwirklicht werden könnten.
4. Die Vorschläge sollten an der Tafel festgehalten und protokolliert werden.

Nachbereitungsphase:

1. Jeder Schüler soll ein kurzes Protokoll (⇨Protokollieren [13]) über den Verlauf und die Ergebnisse der Zukunftswerkstatt erstellen.
2. In einem Abschlussgespräch im Stuhlkreis (z. B. Blitzlicht [38]) werden Erfahrungen und Eindrücke über die Zukunftswerkstatt und ihre Ergebnisse ausgetauscht.

Ein Beispiel:
Thema einer Zukunftswerkstatt im Unterricht könnte die Verpackungsproblematik sein. Im Rahmen der Zukunftswerkstatt hätten die Schüler und Schülerinnen Gelegenheit die Problematik aufzuzeigen und näher zu definieren, um dann z. B. Lösungsvorschläge zur Reduzierung der Verpackung zu entwickeln. Gefragt werden könnte zum Beispiel, wie der Lebensmitteleinzelhandel seine Ware weitgehend verpackungsfrei anbieten könnte. Nach der Entwicklung der Vorschläge würde die Klasse die interessantesten Vorschläge konkretisieren, um anschließend die Realisierungsmöglichkeiten zu untersuchen. Hierfür würden die ökologischen, wirtschaftlichen und sozialen Rahmenbedingungen Berücksichtigung finden.

[38] *Blitzlicht*

Blitzlicht ist eine Methode, um ganz schnell zu erreichen, dass jeder innerhalb einer Gruppe (z. B. im oder nach dem Unterricht, während oder nach eines Seminars, im Betrieb oder nach einer Fortbildung) spontan äußert, was er momentan denkt und fühlt.

Ziel ist es, eine Rückmeldung über

— die Stimmung
— die Situation
— die Ergebnisse
— den Ablauf

zu erhalten, um Störungen aufzudecken und ggf. Lösungen zu finden.

Das Blitzlicht sollte in einer angst- und stressfreien, entspannten „gemütlichen“ Atmosphäre durchgeführt werden. (Hierfür ist eine aufgelockerte Sitzhaltung z. B. in einem Stuhlkreis geeignet.) Alle Teilnehmer setzen sich in einem Stuhlkreis zusammen. Der erste Redner könnte z. B. einen Gegenstand in der Hand halten (Schlüsselbund, Stein ...). Solange er nun über seine momentane Empfindung redet, behält er den Gegenstand in der Hand. Wenn er nichts mehr sagen möchte, gibt er diesen an seinen Nachbarn weiter. Dies wird so lange praktiziert, bis alle Beteiligten den Gegenstand in der Hand hielten. Jeder Teilnehmer kann etwas sagen, muss dies aber nicht tun, wenn er nicht möchte. Er kann den Gegenstand auch einfach seinem Nachbarn weitergeben.

Blitzlichtregeln

— Jedes Gruppenmitglied darf beginnen!

— Jedes Gruppenmitglied darf jederzeit ein Blitzlicht beantragen!

— Jedes Gruppenmitglied darf bestimmen, ob es etwas sagen möchte oder nicht!

— Wer etwas sagt, spricht über sich selbst, seine Gedanken und seine Gefühle!

— Wortbeiträge eines Gruppenmitglieds werden von den anderen nicht unterbrochen und nicht kommentiert!

Beispiele:

— „Stimmen Sie dem Vorschlag von Herrn Meier oder dem von Frau Jansen zu?“
Aufforderung zur Stellungnahme

— „Wie beurteilen Sie die abgelaufene Sitzung?“
Frage nach dem Urteil der Gruppenmitglieder
(Was war gut, was war nicht so gut, was nehmen Sie mit nach Hause?)

— „Was erhoffen Sie sich von der heutigen Sitzung?“
Frage nach den Erwartungen der Gruppenmitglieder.

— „Wie fühlen Sie sich? Wie empfinden Sie die augenblickliche Situation?“
Fragen über die momentanen Empfindungen.

Partnerarbeit [39]

Während einer Partnerarbeit arbeiten zwei Schüler als „Partner“ zusammen. Ziel ist es, den Rahmen des gemeinsamen Klassenunterrichts aufzulockern und die Schüleraktivität zu fördern.

Die Schüler nehmen hierbei aktiv am Unterrichtsgeschehen teil, indem sie bestimmte Arbeitsaufträge selbstständig aufbereiten und Ergebnisse erarbeiten.

— Durch Partnerarbeit erreicht man einen stärkeren Einbezug des Schülers am Unterrichtsgeschehen.

— Keiner der Schüler kann „abtauchen“.

— Die Partner kontrollieren sich gegenseitig.

— Partnerarbeit regt zu partnerschaftlichem Verhalten an.

— Partnerarbeit schafft Freiräume für selbstständiges Arbeiten.

— Das Arbeitstempo und der Arbeitsrhythmus werden von den Partnern bestimmt.

— Der stärkere Schüler hilft dem schwächeren Schüler.

— Ein Lernzuwachs ist durch Erklären, Helfen und Vormachen gewährleistet.

[40] *Gruppenarbeit*

Während einer Gruppenarbeit werden abgegrenzte Problemstellungen von den Gruppen (3 – 4 Personen) weitgehend selbstständig bearbeitet. Im Anschluß an eine Gruppenarbeit erfolgt meist die Präsentation der Arbeitsergebnisse. Diese Ergebnisse dienen der Klasse als Grundlage für die Weiterarbeit. Gruppenarbeit kann arbeitsgleich erfolgen, d.h., alle Gruppen einer Klasse bearbeiten die gleiche Aufgabe. Bei der anschließenden Präsentation werden die Ergebnisse verglichen und ergänzt. Sie kann aber auch arbeitsteilig erfolgen. In diesem Fall erhalten die Gruppen unterschiedliche Arbeitsaufgaben. Arbeitsteilige Gruppenarbeit ist dann von Vorteil, wenn es sich um die Bearbeitung einer größeren Lernaufgabe handelt, bei der die Gruppen jeweils einen Teilbereich bearbeiten. Die Präsentation der Ergebnisse sorgt dann für die Zusammenführung der Einzelteile zu einem Ganzen.

Gruppenarbeit kann als gemeinsame Bearbeitung einer Aufgabe während des Unterrichts eingesetzt werden. Sie kann ebenso sinnvoll eingesetzt werden zur Bearbeitung eines Themenbereiches als Hausarbeit oder zur gemeinsamen Vorbereitung eines Referates als Hausaufgabe.

Jedes Gruppenmitglied

- lernt Rücksicht zu nehmen auf die anderen Mitglieder
- lernt sich einzugliedern, andererseits sein Durchsetzungsvermögen auszubauen
- erhält Raum und Zeit zur Entwicklung eigener Gedanken
- kann sich Inhalte, die ansonsten vom Lehrer nur vorgetragen werden, selbstständig bzw. unter Hilfestellung aneignen
- kann somit sein Vorwissen in die Bewältigung der Aufgabe einbeziehen

Hinweise für die Gruppenarbeit

- Jedes Mitglied ist mitverantwortlich für die Ergebnisse.
- Keiner der Mitglieder darf sich „ausklinken“.
- Jeder kann seine Meinung frei äußern, alle Meinungen werden akzeptiert.
- Die Meinungen der Mitglieder werden in der Gruppe diskutiert.
- Niemand wird beim Sprechen unterbrochen.
- Bei einer komplexeren Aufgabe übernimmt jedes Mitglied einen Teilbereich, für den er selbst verantwortlich ist.

[40]

Phasen der Gruppenarbeit
(am Beispiel einer arbeitsteiligen Gruppenarbeit)

1. Vorstellung des Arbeitsauftrages	*Thema:*	Die Rechtsformen der Unternehmen Erarbeiten Sie die wichtigsten Merkmale der entsprechenden Rechtsform.
2. Bildung der Gruppen und Austeilen der Arbeitsaufträge sowie der Arbeitsmaterialien	*Gruppe*:	1: Einzelunternehmung 2: OHG 3: KG 4: AG 5: GmbH 6: GmbH & Co. KG
3. Gruppenarbeitsphase: Bearbeitung der Aufgabe unter Hilfestellung des Lehrers; Festhalten der Ergebnisse mithilfe unterstützender Medien und Hilfsmittel		
4.. Präsentation der Ergebnisse im Plenum		*Der Lehrer als Moderator* Die Gruppe stellt ihre Ergebnisse mithilfe der Medien und Hilfsmittel vor.
5. Zusammenführung und Systematisierung der Ergebnisse		

Alteneder, A.:
Fachvorträge vorbereiten und durchführen, Berlin 1992

Arbeitsgemeinschaft Lernmethodik Studienhaus St. Blasien:
So macht Lernen Spaß, Weinheim 1980

Beck, H.:
Schlüsselqualifikationen, Darmstadt 1993

Beyer, G.:
Zeitmanagement, Düsseldorf 1992

Brokmann-Nooren, C./Grieb, I./Raapke, H.:
Handreichungen für die nebenberufliche Qualifizierung (NQ) in der Erwachsenenbildung, Bonn 1994

Broich, J.:
Rollenspiele mit Erwachsenen, Köln 1992

Bronmann, W./Kochansky, G./Schmid, W.:
Lernen Lehren, Bad Heilbrunn 1981

Bundeszentrale für politische Bildung:
Methoden in der politischen Bildung – Handlungsorientierung, Bonn 1991

Dauscher, U.:
Moderationsmethode und Zukunftswerkstatt, Neuwied 1996

Don, K.:
Gedächtnistraining, München 1991

Fey, H.:
Sicher und überzeugend präsentieren, Berlin 1993

Gugel, G.:
Praxis politischer Bildungsarbeit, Tübingen 1993

Hartmann, M.:
Präsentieren, Weinheim 1991

Hofman, M./Funk, R./Nietmann, H.:
Präsentieren, Weinheim 1992

Jüchter, H. T.:
Gedächtnistraining leicht gemacht, München 1978

Jungk, R./Müllert, N.:
Zukunftswerkstätten, München 1994

Keller, G.:
Der Lernknigge für Jugendliche und junge Erwachsene, Bad Honnef 1986

Keller, G.:
Lernen will gelernt sein!, Wiesbaden 1991

Klebert, K./Schrader, E./Straub, W.:
Kurz-Moderation, 1995

Knoll, J.:
Kurs- und Seminarmethoden, Weinheim 1994

Langner-Geissler, T./Lipp, U.:
Pinnwand, Flipchart und Tafel, Weinheim 1994

Mehrmann, E.:
Präsentation und Moderation, Düsseldorf 1993

Metzger, C.:
Wie lerne ich?, Aarau 1995

Meyer, H.:
Unterrichtsmethoden II: Praxisband, Frankfurt/M 1987

Naumann, F.:
ABC des Lernens, Neuwied 1991

Neuland, M.:
Neuland-Moderation, Eichenzell 1995

Niedenhoff /Schuh, H.:
Argumentieren-Diskutieren, Köln 1989

Niedersächsisches Kultusministerium (Hrsg):
Materialien zur Integration von Lerngebieten in der kaufmännischen Berufsausbildung durch die Methode des Projektunterrichts, Hannover 1996

Reischmann, J.:
Leichter lernen – leicht gemacht, Bad Heilbrunn 1991

Schräder-Naef, R.:
Schüler lernen Lernen, Weinheim 1987

Schräder-Naef, R.:
Lerntraining für Erwachsene, Weinheim 1994

Seiffert, J. W.:
Visualisieren – Präsentieren – Moderieren, Bremen 1989, 9. Auflage, 1996

Seyd, W.:
Berufsbildung: handelnd lernen – lernend handelnd, Hamburg 1994

Speth, H.:
Theorie und Praxis des Wirtschaftslehreunterrichts, Rinteln 1995

Steinmann, B./Weber, B.:
Handlungsorientierte Methoden in der Ökonomie, Neusäß 1995

Svanteson, I:
Mind-Mapping und Gedächtnistraining, Bremen 1993

Teusch, R.:
Hilfen bei Stress und Belastung, Hamburg 1993

Vester, F.:
Phänomen Stress, Stuttgart 1985

Voß, P.:
Umgang mit mündlichen Prüfungssituationen, Rinteln 1991

Wack, O.:
Lustwandeln im Hinterkopf, Soest 1990

Zielke, W.:
Informiert sein ist alles, Düsseldorf 1984

© Winklers Verlag · Gebrüder Grimm · Darmstadt